L'ESPION RUSSE,

ou

LA SOCIÉTÉ PARISIENNE,

PAR MADAME LA COMTESSE O. D.,

Auteur des Mémoires d'une femme de qualité sur Louis XVIII, de la Femme du Banquier, de l'Auditeur au conseil-d'état.

II.

PARIS,
CHARLES LACHAPELLE, ÉDITEUR,
75, RUE SAINT-JACQUES.

1838.

LIBRAIRIE DE CHARLES LACHAPELLE.

RODOLPHE,

ou

A MOI LA FORTUNE,

ROMAN D'ACTUALITÉ,

PAR G. TOUCHARD-LAFOSSE.

Si le roman de mœurs peut être utile, c'est surtout lorsqu'il atteint d'une juste critique ces travers heureux, qui, à force de savoir-faire, sont parvenus à régir la société. Pour le vulgaire, que l'éclat fascine, que le faste étourdit, que l'audace intimide, c'est un asile impénétrable qu'une vie parée de richesse et de puissance, même lorsqu'on trouve encore à la porte du palais où elle s'épanouit, les haillons dont elle s'est dépouillée pour y pénétrer; mais l'observateur, habile à soulever le pan des robes dorées pour étudier le nu du vice; le moraliste, que n'abusent ni le bruit de la fatuité, ni les grands mots du charlatanisme, ni les protestations de l'hypocrisie, parvient à découvrir l'homme, à disséquer le cœur à travers tout cet appareil de mensonge et de déception.

Joueurs candides dans cette partie qu'on nomme le commerce social, nous perdons vraiment avec trop de bonhomie, égards, considération, respects même avec avec des hommes qui trichent; peut-être est-il nécessaire de soulever souvent les cartes pour en voir le dessous... Voilà ce que se propose l'auteur du roman que nous annonçons.

Il a trouvé sous le ciel de l'une de nos contrées méridionales, un de ces mortels que l'on pourrait prendre pour type de l'intrigue, si le dernier moule de cette qualité venait à se rompre parmi nous : ce qui ne risque pas d'arriver, tant les empreintes en sont multipliées. Un tel homme, à travers nos destinées mobiles, au milieu des transitions perpétuelles qui nous agitent, doit offrir, nécessairement, le plus ample développement de la faconde humaine; car le caractère du héros méridional réfléchit toutes les nuances, revêt toutes les formes, adopte toutes les opinions, simule à ravir tous les sentimens. Protée de tribune, de journal, de fonctions publiques, de salon, de boudoir, d'orgie, nulle circonstance, nul évènement, nul enthousiasme, nulle vogue, nulle école littéraire, morale ou religieuse, ne le trouve opposant : fait-on de la doctrine constitutionnelle, il est là ; s'agit-il d'approuver les légitimistes, on le dirait imprégné de faubourg Saint-Germain, jusqu'à la septième peau; des républicains chantent-ils la *Marseillaise*, il fait chorus ; êtes-vous littérateur classique, il honnit Victor Hugo ; vous déclarez-vous romantique, le voilà qui déchire Despréaux... Le saint-simonisme exalte ou révolte notre homme, selon qu'il parle à ses prosélytes ou à ses détracteurs ; enfin, la phrénologie, le magnétisme, la médecine homéopatique, n'ont pas de partisan plus chaud, ou pas de détracteur plus acharné... Cet esprit-là, dira-t-on, reçoit donc toutes les impressions... Bien au contraire, il n'en reçoit aucune : Rodolphe est ambitieux, il veut parvenir, voilà tout.

On conçoit que, placé successivement dans une série de situations étudiées par le romancier, observées hier par le moraliste, ce personnage doit former le centre d'une action revêtue de toutes les conditions de l'intérêt, d'abord par la recherche laborieuse de cette fortune vers laquelle gravitent toutes ses espérances ; ensuite au moment où, jetant le dernier de ses masques, il s'écrie : « A moi la domination ! Je me suis
« assez long-temps immolé aux goûts, aux ca-
« prices de cette multitude qu'il faut séduire
« pour lui donner des lois ; je les lui impose...
« à son tour l'obéissance ; je plane sur elle ; je
« lui courbe le front... je l'écraserai si elle ré-
« siste.

Et dans ces innombrables sentiers de la vie où M. Touchard-Lafosse promène son héros ; dans les relations qu'il ouvre à sa subtilité multiple ; dans le contraste des caractères mis en rapport avec le sien, que de sujets pour le peintre de mœurs ; que d'occasions propres à faire ressortir, les uns par les autres, les travers, les abus, les préjugés, mais aussi les bons penchans contemporains!!! L'auteur, malgré ses précédens, était effrayé d'une telle tâche ; il ne trouvait, disait-il, en lui, qu'insuffisance et débilité pour l'accomplir ; il a pris au pied de la lettre, ajoutait-il, l'arrêt, assurément irréfragable, d'un critique qui l'a relégué dans l'arrière-ban *des Radclif et des Victor Ducange*... C'est avec peine qu'on a pu relever son courage, abattu par un coup si terrible.

Toutefois, nous avons nos raisons, nous, éditeur, qui voyons le côté positif des choses, pour croire que M. Touchard-Lafosse, dont presque tous les romans sont copiés par la littérature dramatique, obtiendra, cette fois comme tant d'autres, un beau et légitime succès.

2 vol. in-8. — 15 fr.

L'ouvrage est en vente.

LAGNY. — Imp. d'A. LE BOYER et Comp.

LIBRAIRIE DE CHARLES LACHAPELLE.

CHRONIQUES
DES TUILERIES
ET DU
LUXEMBOURG;

PHYSIOLOGIE DES COURS MODERNES,

Par G. TOUCHARD-LAFOSSE.

4 vol. in-8 sur beau papier.

Prospectus.

Les sociétés peuvent être comparées à ces paysages riches de détails, qui, considérés sous des points de vue différens, offrent à l'œil un aspect varié; ou, si l'on veut, le monde est un prisme à mille facettes, et chacune d'elles devient, pour l'observateur, le sujet d'une étude particulière ; qu'une seule génération ne saurait achever.

Certes! nulle période ne fut plus explorée, plus diversement décrite que celle où les principes proclamés en 1789 se sont combinés, dans une régénérescence spontanée, puis dans une dégénérescence progressive, divisée en trois époques : la révolution proprement dite, le régime impérial et la restauration. Le catalogue des ouvrages publiés sur cette trilogie féconde, formerait plusieurs gros volumes ; et pourtant on est loin d'avoir tout considéré, encore plus loin d'avoir tout dit. Par exemple, les cours, que la révolution a refondues dans son vaste creuset, n'ont obtenu des mémorialistes que quelques esquisses rapides, quelques croquis tronqués, vrais souvent de dessin et de coloris; mais inachevés, mais coupés à vif en plein intérêt : arrachemens de peinture morale qui, d'ailleurs, ne présentent nulle part une galerie complète. En un mot, la physionomie des courtisans, saisie sur le théâtre vers lequel leurs passions convergent, n'a point encore trouvé de peintre spécial: l'auteur des *Souvenirs d'un demi-siècle*, des *Réverbères*, des *Chroniques de l'Œil-de-Bœuf*, pose une nouvelle toile sur son chevalet pour essayer de reproduire cette physionomie grimacière et fardée.

Et lorsqu'il demeure si bien constaté qu'à la cour

les superficies déçoivent plus encore qu'à la ville, il est digne de l'observateur de saisir le scalpel du physiologiste pour analyser tour à tour les parties organiques sur lesquelles s'étend l'épiderme brillante des grandeurs de palais.

Ainsi viendront se ranger dans un cadre d'une forme nouvelle, *le grand chambellan, le grand maréchal, le grand maître des cérémonies, le premier gentilhomme de la chambre, le gentilhomme ordinaire ou le chambellan, le préfet du palais, l'aide-de-camp de service, l'officier d'ordonnance, l'écuyer ou le cavalcadour, le page, l'aumônier;* puis *le secrétaire intime,* pour lequel il existe peu de génies couronnés ou sérénissimes; *le valet de chambre,* pour qui l'on sait qu'il n'est point de héros, même sur le trône. A travers ces personnages s'insinueront, pour varier les portraits et les tableaux de genre, *la dame d'honneur, la dame d'atour, la dame du palais, la dame pour accompagner, la lectrice, la femme de chambre,* fonctionnaire discrète pour laquelle il est si peu de charmes vrais et de vertus sincères dans la vie excentrique des sommités sociales.

Nous ne pourrions énumérer ici tous les chapitres du livre projeté; nous dirons seulement qu'aucun des personnages en évidence à la cour ne sera omis dans nos chroniques. Le souverain lui-même ! empereur, roi, consul ou directeur, n'échappera point au scalpel du chroniqueur; et quoiqu'il puisse sembler d'une grande irrévérence de disséquer impitoyablement une favorite, une reine, une impératrice, l'auteur ne s'en abstiendra pas.... Il s'arrêtera à l'année 1830.

Chacun de nos chapitres, tableau de mœurs tracé, autant que possible, avec les élémens et les ressources du drame, offrira tout ce qui semblera devoir intéresser dans la carrière de l'espèce de fonctionnaire mise en scène ; des noms ainsi que des évènemens historiques formeront le fond de chaque sujet.

Qu'ajouter encore à l'annonce de cette publication ? un vers et demi de Racine :

. . . . et pour être approuvés ,
De semblables projets veulent être achevés.

L'ouvrage paraîtra par livraison de deux volumes ; la première est en vente, la seconde paraîtra fin octobre prochain.

LAGNY. — Imp. d'A. LE BOYER et COMP.

L'ESPION

RUSSE.

II.

Nouvelles Publications.

Le Marquis de Brunoy,

PAR E.-L. GUÉRIN.

2 vol. in-8. — 15 fr.

LA PUDEUR ET L'OPÉRA,

PAR TOUCHARD-LAFOSSE.

(*Deuxième édition.*)

1 vol. in-12. — 12 fr.

UNE FILLE DU PEUPLE,

ET

UNE DEMOISELLE DU MONDE,

ROMAN DE LA VIE INTIME,
PAR E.-L. GUÉRIN.

2 vol. in-8. — 15 fr.

LES RÉVERBÈRES,

Chroniques de Nuit
DU VIEUX ET DU NOUVEAU PARIS,

PAR TOUCHARD-LAFOSSE.

6 vol. in-8. — 45 fr.

LAGNY. — Impr. d'A. Le Boyer et Comp.

L'ESPION

RUSSE,

ou

LA SOCIÉTÉ PARISIENNE,

PAR MADAME LA COMTESSE O. D.,

Auteur des Mémoires d'une femme de qualité sur Louis XVIII, de la Femme du Banquier, de l'Auditeur au conseil-d'état.

PARIS,
CHARLES LACHAPELLE, EDITEUR,
75, RUE SAINT-JACQUES.

1838.

I.

Des diverses sociétés parisiennes. — Salons de la nouvelle France. — Des femmes de ce monde. — Les *cornes de madame de Sévigné*. — Conversations de ce monde-là. — Les soirées des Tuileries, *dada* de ces messieurs et de ces dames. — Détails curieux sur leurs faits et gestes au château. — Propos incroyable et pourtant tenu par une de ces dames.

La société parisienne se divise en deux classes : l'ancienne et la moderne. La première réunit ces familles qui ont conservé les vieilles traditions où l'honneur, la probité, la délicatesse, la foi au serment ne sont pas de vains mots ; la seconde comprend les adorateurs du veau d'or, les loups-cerviers, banquiers, négocians, marchands, avocats, avoués, petit commerce, employés subalternes; y compris, dans les ministères, les chefs de division. Là un seul but occupe toutes les intelligences : celui d'augmenter sa fortune, de l'arrondir, n'importe de quelle façon; faste et avarice y marchent de compagnie; un luxe éclatant est un moyen de faire venir *l'eau au moulin*, comme on dit proverbialement. Ce luxe, il est vrai, est mal entendu, sans goût, sans grace; ces meubles coûtent cher, ces bronzes sont capitaux, oui, de masse, de dorure ou de taille, et non de mérite réel; le possesseur a pris de la pacotille en gros, il ignore qu'il y a des maîtres de l'art, un choix à faire, du *cossu* à repousser pour prendre le beau et l'élégant.

Ne demandez à cette société ni soins, ni prévenances, ni attentions; elle ignore ce que ces mots signifient; son urbanité se règle sur le fameux *combien a-t-il? combien a-t-elle?* On est à genoux devant ceux dont le revenu dépasse un million, en respect devant les richards au dessus de cent mille francs de rente ; on donne, après eux, la place d'honneur à celui dont *l'avoir* annuel descend de cette somme à cinquante mille francs ; plus bas, on ne doit compter que sur des attentions superficielles ; l'homme *peu fortuné* est traité de *mon cher* ; le *besogneux* est un *pauvre diable* reçu on ne sait pourquoi ; enfin, la vertu et l'illustration, aux prises avec la misère ne sont pas faites pour entrer chez des gens de *bon ton*.

Il faut entendre avec quel mépris les gros colliers de l'Ordre traitent les supériorités intellectuelles ; ce que sont, pour ces Midas, nos nobles artistes, nos hommes de génie ou d'esprit. La sottise, le vain orgueil, la morgue de la richesse les tiennent à distance, ou les écrasent d'une familiarité insolente, ou les enfoncent dans la boue, où l'on tâche de les maintenir, dans la frayeur qu'eux-mêmes ne reconnaissent que ces nouveaux demi-dieux en sont sortis.

Rien n'est divertissant comme d'être admis

dans un salon de la nouvelle France; les uns en font un comptoir de débit, d'autres une bourse au petit pied; là, on parle une langue saturée de mots ignobles, de formules patoises; plus loin, on fait de la politique juste-milieu; dans ce coin, on déchire la réputation des dames; dans cet autre, on travaille à ébranler ou à raffermir le crédit du mari; ailleurs, on joue un jeu d'enfer, car l'avarice est parfois folle, elle s'imagine qu'elle peut gagner autour d'un tapis vert; certains maquignonent une intrigue, font l'amour à la Carracioli [1], causent chevaux, chemins de fer, de la vapeur, du trois pour cent, des rentes d'Espagne.

Jamais vous ne verrez les femmes dans ces tristes maisons recevoir l'hommage de l'autre sexe; chacune de ces dames a son ami de cœur et son mylord *Pot-au-Feu;* celles assez riches

---

[1] Louis XV demanda au marquis de Carracioli, ambassadeur de Naples, s'il faisait l'amour. — « Non, Sire répondit-il, je l'achète tout fait. »

ou assez froides pour se passer du vice, déshonorent, à dire d'expert, leurs meilleures amies; elles manquent de tact, de dignité, de finesse; ne voient pas si celui qui leur adresse la parole a le chapeau sur la tête ou à la main; *s'il chique* (bonnes manières de la cour actuelle,) ou s'il roule entre ses doigts un reste fumeux d'une cigarette de la Havane.

Ces pauvres créatures, toutes sorties de pension, où on leur a formé l'esprit et le cœur, ignorent leurs droits, leur pouvoir; se confondent avec les *garçons*, leur tapent sur l'épaule, leur tirent les cheveux. — Oh! que vous êtes blagueur. — En finira-t-il avec ses mensonges. — Où en êtes-vous de vos amours avec la grosse mercière du bazar? — Procurez-moi des billets gratis. — J'ai faim, allez me chercher des gâteaux. — Oh! Jules, que vous êtes embêtant et grossier!

Voilà ce que l'on entend sortir de ces bouches de rose. Oh! comme madame de Sévigné verrait *prestissimo des cornes* à ces *belles madames* si bien *finiolées*, et dont *la toilette* est si fraîche. La jeune fille élevée dans un pêle-mêle de domestiques, de commis, de parens de bas étage, ne peut perdre dans le monde sa couleur primitive : *la caque sent toujours le hareng*, et, malgré l'éclat de la parure, la *joliété* des traits, l'élégance de la taille, on croit ouïr des furies déguisées en nymphes de l'Opéra.

Le négociant, banquier, fabricateur ou débitant, accoutumé au despotisme féroce de son intérieur, à ce sans-gêne du souverain intime, à cette dure brusquerie d'homme qui parle au prolétaire, conserve malgré lui, dans le salon, les formes vulgaires, abruptes de son magasin ou de sa manufacture ; il ne se sépare ni de son *combien a-t-il ?* ni de son mépris mêlé de haine contre ceux qui, n'ayant pas de compte ouvert avec la banque de France, en ont avec la postérité. L'idée d'une importance indépendante du positif le trouble, le blesse, l'indigne, le met en colère ; alors il devient rude, rogue, pointilleux, féroce ; il cherche à humilier celui qui, sans *écus*, *sans signature connue*, a de l'importance, que les grands accueillent, et qui porte un nom européen.

La littérature et les beaux-arts, ces sujets inépuisables de conversation dans la bonne compagnie, ne peuvent fournir un aliment solide à la nouvelle société. Ces demoiselles, ces dames, ces messieurs ont oublié dans les comptoirs, dans le débit, dans le travail de la banque, ce qu'ils avaient mal appris au collége ou au pensionnat. Que leur importent nos grands auteurs! L'*Iliade* vaut-elle un roman de M. S.....? Ovide est tout *contes de fées;* Paul de Kock est bien autrement divertissant.

Mais, d'une autre part, Elles et Ils ont lu les poésies de Byron, les vers de Lamartine, les lignes rimées de Victor Hugo, soit; mais les comprendre, les apprécier, en porter un jugement éclairé. Eh! bon Dieu, qui, dans ces réunions, parlerait du Tasse, de l'Arioste ou de Milton, ce serait vouloir passer pour *archi-rococo*, pour homme de l'autre monde. On cause de chevaux, de modes, de *toilettes* (c'est le mot, on n'en reviendra pas), puis arrive la médisance, le conte croustilleux maladroitement gazé ou saturé pendant des heures entières sur un beau garçon, sur une jeune fille en voie de se perdre; on rabaissera les charmes de l'une, la fortune de l'autre, et puis viendra le dernier bal de la cour citoyenne.

Ce sont là les plaisirs de conversation que goûte la société nouvelle; certes ils sont médiocres; elle ne se met guère en frais pour s'en démêler. Au reste, les réunions sont d'abominables cohues où cinq à six cents inconnus réciproques s'entassent, où l'on se pousse, se heurte, se presse, se querelle comme en public; où l'on dévalise les plateaux de rafraîchissemens, sans songer que les dames en demandent. Le *primo mihi* n'abandonne pas nos loups-cerviers, même dans leurs délassemens; ils n'ont que des plaisirs d'égoïste; leurs femmes, à leur exemple, s'accommodent de ce qui leur plaît, et, dans ce hourvari, on crie à l'urbanité française : *à la débandade, sauve qui peut!*

Le *dada* de la société moderne est l'admission aux Tuileries ; là, vont de droit tous les officiers, sous-officiers et soldats de la garde nationale : par conséquent leurs grosses épouses, ce qui ne veut pas toujours dire gracieuses, partagent le même honneur, et en rapportent d'égales superfétations d'orgueil.

Cela ne laisse pas, dans les rues Saint-Martin, Saint-Denis, des Lombards ou Vivienne, que de faire une certaine sensation que d'apprendre par la voie publique l'ascension, vers l'ancien palais, de la large fripière, de la sèche parfumeuse, de la jolie écaillère et de la leste marchande de vieux suifs. Les parentes couturières travaillent avec une sorte d'orgueil inquiet pour leur cousine des halles, qui figurera à la contredanse royale, attendu que son mari, chef de bataillon de la milice citoyenne, est très-influent dans son quartier.

Il arrive aux Tuileries des figures étranges, si comiques, si effarées, si suspectes, que le rire fou en prend à ces nobles qui n'ont pas reculé devant le cynisme des apostasies ; et le moyen, pour nous, étrangers accoutumés au grand monde, de voir ces pléberies si plaisantes jouer la femme de qualité. Au dernier bal du château, j'entendis un simple chasseur de la garde nationale dire au colonel de la légion :

— « Eh ! J.... f....., où as-tu ton épouse ?

—« Là, mon cher, tout contre cette fenêtre. Tiens, elle est vêtue en Pompadour, et, près d'elle, il y a ma belle-sœur en comtesse Dubarry. »

C'est à cette réunion qu'une dame Pochet (je ne charge pas) invita la baronne de F....... à *venir manger la soupe*. Elle ajouta :

—«Je sais bien qu'on dit, Madame, que vous avez étranglé le duc de Bourbon ; mais qui croit à ces bêtises ? On a bien bavardé que j'avais empoisonné mon dernier mari, et cela parce que je suis fortunée. »

J'ai entendu ce propos incroyable. Que vous semble-t-il ? Si on eût dit à cette créature : *Qui se ressemble s'assemble*, qu'eût-elle répondu ?

Une soirée royale a du retentissement. Le

lendemain, dans les quartiers marchands, les voisins se groupent sur les trottoirs pour entendre le récit du camarade qui *s'en est tapé, du vin à trente*, chez le roi citoyen. Là, on apprend que la *première dame de France* (style Dupin) est assez fière de ce titre, et que ses demoiselles sont des percinettes, car elles n'ont pas voulu causer, entre les contredanses, avec le beau garçon du charcutier du carré Saint-Martin, que son bourgeois avait amené pour lui faire voir le grand monde.

Ne cherchez donc plus, dans la France nouvelle, ce qui faisait le charme de l'ancienne : cette haute politesse, cette grace exquise, cette urbanité parfaite. On crie, on hurle dans un salon; on s'y met au diapason de la foire; les hommes s'asseient sur des fauteuils, laissant debout les femmes, accoutumées à cette impolitesse. Si quelqu'un de consciencieux cherche à le leur faire remarquer, elles répondent avec bonhommie :

— « Oh! nous lui en voyons faire bien d'autres! »

Dès lors, je m'étonne que ce monsieur-là ne tente point pis encore; il ferait bien. On prend, dans ces cercles, la familiarité pour de l'aisance; on titre d'indépendante humeur la grossièreté positive; enfin, on excuse une insolence par ces mots :

— « Il est si riche qu'il se croit tout permis. »

Eh! ne serait-ce pas là le cas d'opposer le mot de Piron au financier la Poupelinière : *Qu'il aille cuver son or.* Mais non; l'or étant le véhicule général, on a garde de le rabaisser, de le traiter sans égard; un homme *cossu* est une exception dans la vie humaine; il a tous droits possibles à l'arrogance, à l'égoïsme, à de la stupidité. Ces jours derniers, un littérateur, homme de haute naissance, connu depuis douze ans d'un banquier, alla demander à celui-ci une recommandation banale pour son fils : — Je ne peux la donner, je ne connais pas ce Monsieur. — Mais vous voyez souvent le père; il doit avoir votre estime?—Oh! mon cher, que dites-vous là? on vous aime parce que vous êtes aimable; mais il n'y a de considération que pour les riches, et vous ne l'êtes pas.

Ce propos incroyable est vrai; je le tiens du littérateur, tout à la fois piqué de l'insolence et riant de la stupidité du loup-cervier.

La société réelle n'existe pas dans cette autre France; il n'y a rien qui la rappelle, mais un gâchis perpétuel; on se porte en foule aujourd'hui dans une maison, demain on ira dans une autre; à peine, dans cette cohue, à part M. Soumet ou M. Charles Nodier, si chaque invité peut rencontrer six ou huit personnes de connaissance. Ces sortes de sabbat de mince étoffe ne laissent pas que d'avoir du retentissement; car, aujourd'hui, les petites gens font un bruit incroyable. Je reviendrai sur ce texte; car on ne peut l'épuiser.

II.

Un seigneur polonais suspect. — Fatale découverte. — La pie au nid.
— L'héroïsme coûte cher.

Je vis entrer chez moi le comte de Medem, que je recevais toujours avec plaisir. Cette fois je remarquai sur ses traits quelque chose de solennel, de confidentiel, de diplomatique, et, en même temps, d'amical, que je me hasardai de rompre la glace, et je demandai au cher compatriote ce qui le tourmentait :

— « Mon Dieu! me dit-il, l'ambassadeur

(Lieven) m'a donné une commission pénible;
il faut que je m'explique avec vous.

— « Sur quel sujet? dis-je; me voilà prêt.
Je crois n'avoir rien fait de ce qui serait blâmable dans un gentilhomme russe.

— « Hé bien ! voilà précisément ce que l'on
vous reproche : on est venu conter à l'ambassadeur que vous étiez lié d'une amitié tendre
avec le comte de S... et ce, à tel point que
vous courez chaque jour Paris avec lui. Voilà
ce que l'on a porté hier à son excellence, et ce
qu'aujourd'hui je dois vous répéter à mon
tour. »

Je me mis à rire : — « Comte, dis-je ensuite,
mes ennemis ont maladroitement choisi le
coup propre à m'abattre ; je peux, en deux
mots, me justifier complètement. Le premier
je l'appellerais à la Condé (1), et il anéantira les

---

(1) Un maire, haranguant le grand Condé, lui dit qu'on
ne tirerait pas le canon à sa venue, par dix-huit raisons.
La première, c'est qu'il n'y en a pas. — Oh! celle-là est
si bonne que je vous tiens quitte des dix-sept autres,
répliqua le prince.

autres. C'est que, bien en contradiction avec mon dénonciateur, je ne connais même que de vue le comte de S..... que vous prétendez me suivre journellement dans Paris.

— « Vous ne le connaissez pas?

— « Non, de vue au moins; j'aurais tort de nier que son nom n'a jamais frappé mes oreilles; il a même fait du bruit dans mon cœur. Croyez, après ce que je vous confie en secret, que, si je me promenais avec ce personnage, ce serait pour aller à la Porte-Maillot, si j'étais déraisonnable au point de punir autrui d'une préférence antérieure. . . . . . Ceci doit vous sembler un chaos. Ne me contraignez pas à l'éclairer; qu'il vous suffise de ma dénégation sur le fait principal. »

Je me flattais d'avoir convaincu le comte de M..., et ma surprise fut grande de le voir secouer la tête, lever les mains au ciel, puis faire quelques pas dans la chambre, revenir à moi, et, tandis qu'il me regardait fixement :

— « Prince, dit-il, je suis au désespoir de

la prolongation que vous donnez à une plaisanterie..... un peu légère; car, enfin...

— « Quoi? qu'est-ce, Monsieur? répartis-je à mon tour; doutez-vous de mon honneur? êtes-vous sans confiance dans ma parole?

— « Ne me dites-vous pas que jamais, entre vous et le comte de S..., il n'y a eu de rapports?

— « C'est vrai.

— « Que vous lui devez, comme on dit proverbialement, la première vue?

— « Et je le jure de nouveau par le nom sacré de notre auguste Mon....

— «Arrêtez! Prince, arrêtez! vous me faites frémir! j'ai peur pour moi-même, pour moi qui avant-hier vous ai vu traversant un corridor de l'Opéra, et parlant au comte S... en personne: Qui se trompe? est-ce vous, est-ce moi? Voyons? il faut que ce point s'éclaircisse.

— « J'aurais été avant-hier à l'Opéra avec lui? m'écriais-je... je lui aurais parlé?... vous l'auriez vu?...

— « C'est l'exacte vérité; je l'affirme, à

mon tour, par ce nom supérieur aux rois, et que nul ne prend en vain ! »

A la sincérité ferme des paroles du comte, je me repliai en moi-même, fis un examen rapide de mes alentours, de ceux à qui je pouvais me rapporter ce soir-là ; je ne trouvais personne..... non, personne..... Tout à coup, un rayon de lumière, vif, perçant, douloureux, jaillit sur mon entendement ; je frémis, poussai un cri, puis, revenant à mon interlocuteur :

— « Ah ! dis-je, croyez en ma probité loyale : je comprends ce qui se passe. Dans quel cercle étrange je me suis laissé enfermer : je croyais ne pas connaître le comte S... et je vois au contraire que mes rapports avec lui sont intimes. En un mot, c'est sous un nom de convention qu'il est venu à moi... Souffrez que je démêle ce mystère ; la chose faite, j'irai me mettre à la disposition de l'ambassadeur ; il me jugera, s'il lui convient, avec indulgence. Un homme n'est point coupable par cela seul qu'il est trompé.

La réponse fut telle que je devais l'attendre d'un seigneur qui unit la haute urbanité aux qualités les plus solides ; il fut convenu que le lendemain je me rendrais à l'ambassade de Russie, et que là je m'expliquerais franchement. Le comte de M... me quitta.

Demeuré seul, je cherchai à prendre sur moi-même cet empire dont nous avons tant de besoin à l'époque de la vie où la fougue de l'âge voudrait nous entraîner loin des convenances et de la générosité. Je me raisonnai, je cherchai à me vaincre ; ce ne fut pas l'affaire d'une minute, et le temps s'écoula avant que je me fusse décidé à sonner.

Tout mon corps frémit lorsque l'on ouvrit la porte..... C'était mon mougick ; il m'annonça le comte de Saint-Germain..... Quel contre-temps..... L'homme extraordinaire entra, je le saluai ; puis, m'ayant examiné.....

— « O prince, que vois-je autour de vous ? deux conseillers bien funestes : la colère et la jalousie..... Je tressaillis et me tus ; lui, poursuivant :

« Tout autre s'affligerait d'être venu mal à propos ; je me réjouis de ce que je peux vous être utile. Ayez en moi un peu de confiance, et tout ira bien. »

— « O prophète ! m'écriai-je en cherchant à feindre une gaîté bien loin de mon cœur, vous ne devinez donc pas ?

— « Me suis-je donné à vous pour Dieu, faut-il répondre gravement à toutes vos questions? N'est-ce donc rien que de vous avoir dit que vous étiez près d'écouter deux passions funestes. Je vous le répète, prenez en moi confiance, ne me repoussez pas ; d'ailleurs, si un duel était nécessaire, ne faudrait-il pas un ami ? me feriez-vous l'affront de ne pas me vouloir pour votre second. Si je le deviens, vous devez me mettre au courant des motifs de l'injure. Allons, ne me jugez pas d'après les bavarderies des commères et des ignorans.

— « Que feriez-vous, dis-je, si un ennemi de votre souverain venait sous un faux nom chercher auprès de vous un asile ? »

— « J'aurais égard à son malheur.

— « Et s'il profitait de votre ignorance pour aimer en même lieu que vous. »

— « Je saurais avant tout s'il est aimé, et d'abord s'il l'était avant que j'eusse moi-même songé à porter là mon amour. Prince, soyons justes ; lors même que la passion nous égare. N'accusons pas autrui de perfidie, lorsque le hasard peut avoir tout conduit. » — Je gardai le silence, le comte en profita ; ses discours graves, mesurés, convenables, me calmèrent : je me sentis désarmé. Alors, prenant sa main, je la pressai dans les miennes.

— «Vous êtes venu à propos, dis-je, ou bien à temps; je sais ce qu'on doit penser des sottes rumeurs dont on vous enveloppe. Votre esprit supérieur a la faiblesse de les croire utiles à son importance, mais, en dépit de quelques fripons, vos ennemis naturels, on ne peut, dans votre longue carrière, apercevoir une action déshonorante ou avide ; aussi je ne balancerai pas à vous prendre pour juge dans un cas important. »

Je me remis à sonner. Cette fois Gustave se présenta ; je me sentis frissonner, et un regard rapide jeté sur une porte en glace m'apprit que je pâlissais.

— « Monsieur, dis-je au nouveau venu, pourquoi êtes-vous entré chez moi sous un nom qui n'est pas le vôtre ?

— « J'ai eu tort, me fut-il répondu, très-grand tort, Monsieur, je l'avoue ; mais, à mon âge, lorsque l'on aime, on ne réfléchit pas assez. J'adore, vous savez, qui loge déjà dans cette maison, et, sachant que l'on me poursuivait à l'aide d'une contre-police active, j'ai cru que sous votre sauve-garde je serais mieux déguisé. Ma mauvaise fortune vous a fait porter vos hommages à celle que j'adore depuis deux ans ; ma faute première a été de ne pas vous avoir quitté lorsque j'ai découvert la nouvelle impression de votre cœur, mais une volonté supérieure à la mienne m'a violemment retenu. J'ai cédé, j'aurais du résister ; je suis coupable et prêt, non à vous offrir une réparation banale, qui, de ma part, serait une mauvaise action, mais ma parole de me soumettre à l'arrêt que vous dicterez, quelle que soit sa rigueur.

— « Du moins, prince, me dit Saint-Germain, vous n'accuserez pas de mauvais procédé ce noble adversaire.

— « Monsieur, répondis-je au Polonais exilé, comme vous le pensez, un duel entre nous serait impossible. Que gagnerais-je à vous percer le cœur, et vous, sans provocation directe, ne voudriez pas répandre mon sang. Il est vrai qu'à l'heure où vous avez voulu entrer à mon service, les charmes de mademoiselle de Soul... n'avaient pu encore agir sur moi ; mais, depuis vous avez recueilli une partie de ma confiance, vous m'avez mystifié par l'histoire fallacieuse d'un troisième poursuivant....

— « Ah ! Monsieur, dit M. de S..... avec un ton pénible, avec une expression douloureuse, voulez-vous me punir bien rigoureusement en me rappelant l'acte le plus coupable de toute ma vie. L'amour, je le répète, lorsqu'il s'empare de nous, à quelles faiblesses ne nous porte-t-il pas? Que sommes-nous lorsqu'il nous entraîne? Je suis avili à mes propres yeux, et cela au point que je ne me sens pas digne de croiser mon fer avec le vôtre.

— « Vous m'avez compromis en laissant croire à notre ambassadeur que je vivais dans l'intimité avec l'ennemi de la Russie.

— « C'est une erreur dont M. de Liéven n'est plus inquiété; je sors de chez lui, et, en me mettant à sa disposition, je lui ai fait l'aveu de ma conduite et de mes torts envers vous. Votre souverain, que je méconnaissais, que je croyais le tyran de ma patrie, lorsqu'il veut en être le père, n'a eu pour moi, qui conspirais contre lui, que des prévenances et des bontés; j'ai ma grace à une condition bien minime, quoique cruelle, je ne rentrerai en Pologne que lorsque sa Majesté le voudra.

— Je vous félicite, Monsieur, répliquai-je. Pourquoi ce résultat n'a-t-il pas eu lieu plus tôt?

— « J'étais environné de fanatiques, d'insensés ou d'aventuriers. Dans les révolutions les dupes sont en grand nombre; elles servent à l'avantage des fourbes, et, avec les grands mots de patrie et de liberté, on les enlève à la tranquillité, à la vertu et à l'obéissance légitime. Pour moi, qui viens d'éprouver *l'abominable tyrannie* de Nicolas, je brûle de me voir à ses pieds pour lui demander pardon de mes erreurs, et, le sabre à la main, de combattre pour son service. Maintenant, prince, je vous le répète, que me commandez-vous?

— « Tout ce qui se passe est si rapide, si étrange, répondis-je, que je ne sais encore ce que je peux désirer de vous; ne serait-ce pas moi plutôt qui devrais prendre vos ordres et me retirer d'une maison ?......

— « Prince, me dit mon noble rival, j'ai eu tant de torts envers vous, qu'un seul moyen de les réparer me reste. Je vais, en Allemagne, retrouver à Vienne des parens que mes nouveaux sentimens politiques charmeront; je vous donne ma parole d'honneur que deux années entières s'écouleront sans que je rentre à Paris, sans que je veuille me rapprocher des personnes que j'y connais et qui me sont chères. Employez ce temps, si l'absence vous sert; j'en ressentirai une douleur mortelle, mais, du moins, vous aurai-je prouvé que j'étais digne de votre estime. »

— « Ah ! dis-je en embrassant mon rival, je ne me laisserai pas vaincre en générosité. Voilà plusieurs années que vous aimez; c'est moi qui viens en inconvénient troubler votre tendresse, c'est à moi à me retirer. Le sacrifice, comme vous le dites, sera cruel, mais je le supporterai ; il me serait trop pénible de priver une femme que j'aime.... que j'estime, de l'époux si digne de son cœur. »

M. De ..... ne voulu pas d'abord accepter mon désistement, nous luttâmes tous les deux avec une générosité peu commune, enfin je l'emportai...... Pendant notre débat, le comte de Saint-Germain s'était tenu à l'écart, sans montrer, en homme bien élevé, aucun désir de mieux comprendre ce que nous disions ; mais dès qu'il vit notre accord, et que nos démonstrations chaleureuses et franches assuraient notre sincérité, il se rapprocha, nous complimenta, et demeura avec moi lorsque le comte S... m'eut quitté pour aller, me dit-il, faire enlever ses hardes de sa chambre, car il quittait là complètement la maison où il ne reparaîtrait qu'avec l'appareil conforme à son rang et à sa naissance. Il était quelque peu embarrassé pour rompre la glace auprès du comte de Soul.... Je lui promis, et ceci ne me coûta pas moins, que je ferais moi-même le récit de son histoire à ce seigneur.

III.

Un orage et une aventure. — Des volcans et l'amour. — La police aujourd'hui dénoue ce qui jadis exigeait la présence d'un dieu. — L'active vengeance ; histoire tragique,

C'est une fâcheuse position que celle d'un amant persuadé qu'il aime en vain. La certitude du bonheur d'autrui lui coûte de dures angoisses; il souffre au dehors et au dedans : l'ame et le corps sont également soumis à la même torture. Les plaisirs tumultueux, les voyages, les diversions les plus extravagantes, sont les remèdes les meilleurs ; ceux dont l'efficacité est la plus certaine. C'était là mon cas : je voulais cesser de gémir ; je sentais le mal grandir dans ma blessure. Comment renoncerais-je à de si douces illusions ? Parfois l'amour, déguisé sous les traits de la vanité, me soufflait des pensées homicides! L'abandon de la flamme avouée n'entacherait-elle pas mon courage ? ne me condamnerait-on pas comme lâche, lorsqu'on devait me louer comme généreux ?

Voilà ce qui, occupant ma tête, me donnait une fièvre moins nerveuse que morale, et ce dont l'amour-propre demandait une prompte solution. Pour me vaincre, pour me maintenir dans la noble voie où j'étais entré, je me remis dans mon rôle de voyageur ; je courus les rues de Paris, et, à force de les parcourir, de les interroger, je vis ce qui avait autrefois échappé à mes regards. Les aventures se multiplièrent, et voici celle qui m'arriva tout dès l'abord.

Je descendais la longue rue de la Montagne-Sainte-Geneviève, lorsque la triple action d'un coup de vent, ouragan véritable d'un vif éclair, suivi de vingt coups de tonnerre et de la chute de plusieurs larges et chaudes gouttes d'eau, précédant une pluie d'orage sans pareille, me forcèrent à me réfugier dans une allée étroite, profonde, et plongée dans une obscurité telle qu'à midi la nuit y devait être complète, aussi était-elle profonde ce jour-là du mois d'avril, à sept heures du soir.

En tâtonnant, je trouvai à la gauche de la muraille un enfoncement garni d'un banc de pierre un peu élevé, et contre lequel les charbonniers ou gens de peine se reposaient; je m'y hissai pour attendre la fin de cet orage inattendu. Espérer une voiture eût été demeurer là jusqu'au lendemain du jugement universel. A peine étais-je placé, que l'allée fut encombrée par la survenue de plusieurs individus, gens de sac et de corde, rien qu'à les entendre parler; les uns ne firent que traverser le corridor noir ; les autres restèrent, et une voix se mit à dire :

— « Ainsi, tu es certain qu'elle reste n° 11, rue Sainte-Marguerite?

— « Où elle est connue sous le nom de mademoiselle Gibrat.

— « Dès lors son compte avec la terre sera réglé avant demain matin.

— « Et bien tu feras, mon cher. La vengeance est *un gâteau de roi.*

— « La vengeance, imbécile, dis mon intérêt; si celle-là vit, je suis perdu, toi par contre-coup, et avec nous les autres.

— « Quelle imprudence tu commis!

— « Que veux-tu, *j'étais bu*, je tombai; un cabriolet me froissa la jambe. Cette sotte créature passait, me releva, me conduisit dans sa chambre, au rez de chaussée, sur le derrière. Là, par niaiserie d'ame, elle me soigna. Je la vis belle, m'y attachai, je causai; j'allai trop loin, ma confiance dépassait les bornes... C'était une bégueule, vraie percinette... Elle me congédia; je revins et voulus entrer de force, elle se défendit : cela fit du tapage. On venait, je dus prendre la fuite et laissai par terre le portefeuille où nous sommes tous inscrits par noms, prénoms, âges, professions, et le reste. Cela vaut mille louis pour la police. Épouvanté de la perte, je me remontrai en chien couchant; bernicle, la porte était fermée. Je parlementai au travers ; on avoua avoir mis la main sur le trésor sans en avoir pris connaissance, mais qu'on ne me le rendra que lorsqu'on sera certaine que je serai corrigé... Parler de repentance au vieux Satan... Des voisins accoururent encore... La course seule me sauva. Le lendemain l'oiseau avait déniché. Depuis quinze jours, je le cherchais par mer et par terre; toi, Cadet, plus heureux, as mis la main dessus.

— « Oh! c'est bien elle, reprit l'interlocuteur : dix-sept ans environ, blonde, avec des yeux noirs, un signe en forme de pensée sous le cou, peau blanche, chapeau de paille idem, avec des fleurs bleues, robe bleue, et un petit châle, vieux foulard jaune : des mains de fée, un pied pareil. Je le tiens d'un Auvergnat, qui l'a déménagée, il y a quinze jours, de la rue des Fossés-Saint-Victor, n° 7, à celle où elle est maintenant, Sainte-Marguerite, n° 11, au troisième, sur le derrière. Que feras-tu ?

— « La porte de la rue, m'as-tu dit, se ferme à secret.

— « Oui : pousser un gros bouton qui est à la droite du marteau le plus bas des quatre.

— « Alors nous voilà dans la maison. Toinette, en avant-garde avec sa toute mignonne voix d'ingénue, demandera si ce n'est pas là que demeure mademoiselle Gibrat, raccommodeuse de dentelle. Réponse affirmative; ouvrage pressé que je vous destine : porte ouverte sans défiance. Nous sommes sept : deux gardent la maison au bas de l'escalier, deux au premier étage, deux au quatrième, moi dans la chambre. La vue du poignard fait rendre le portefeuille, et puis... un cri, une chute, on se retire en bon ordre. Le lendemain un journal indépendant imprimera, à

tant la ligne : « La nuit dernière, rue Sainte-
« Marguerite, n° 11, une jeune raccommo-
« deuse de dentelle a été tuée par une ri-
« vale à qui elle avait enlevé son amant. »

Les scélérats se mirent à rire; je frémissais d'indignation et d'effroi : ils pouvaient m'apercevoir, et ma situation devenait périlleuse, lorsqu'on les appela du haut de l'escalier pour aller dîner. Ils se mirent à courir en criant *au premier les bons os;* l'un me froissa le pied, l'autre me toucha la main.

— « Oh! dit-il à l'autre, si tu mets *tes escarpins* dans ma *giroflée*, je pourrais bien t'appliquer celle-ci sur *ta boule.* »

L'autre se défendit; mais comme ils s'éloignaient, je n'entendis pas la réponse. Libre par leur absence, je descendis de cette espèce de haut siége, et, bien que l'orage durât encore, je me hâtai de fuir rapidement cette maison, sans doute repaire du crime.

Mais, me dis-je en m'en allant, laisserai-je cette victime à la merci du misérable qui veut sa perte en récompense du service rendu.

Non sans doute, la Providence m'a conduit dans ce lieu pour que je serve à sauver cette jeune personne; remplissons de tout point cette honorable mission.

Je regardai ma montre : à peine s'il était huit heures. Je fus incertain si avant tout je préviendrais la justice; ses lenteurs me firent frémir ; puis les yeux noirs, les cheveux blonds, les dix-sept ans, me parlaient avec tant d'éloquence, que je m'acheminai tout de suite vers ladite rue dont j'avais, à diverses reprises, entendu le nom et retenu le numéro; de plus, celui de mademoiselle Gibrat voltigeait sur mes lèvres.

Les renseignemens étaient conformes : le 11 n'avait pas de portier; la porte était déjà fermée; mais le quatrième bouton pressé fit *jouer la gachette* et *la bobinette chéa.* Me voici dans une autre allée non moins ténébreuse, mais plus propre; des odeurs fétides ne s'en exhalaient pas. Je franchis rapidement trois étages; des jets de lumière me firent distinguer la demeure de la gente ouvrière; je frappai, on ne me répondit pas.

— « Ouvrez, Mademoiselle, me mis-je à dire, c'est un ami, ou, pour mieux dire, un libérateur; vos jours sont menacés: un misérable que vous avez secouru viendra ce soir, à onze heures, en nombreuse compagnie... »

J'allais continuer, quand, à côté de moi, une porte s'ouvrit brusquement; la lueur d'une lampe me laissa voir un homme âgé d'environ quarante ans, fort vigoureux, et manière de colosse; quatre garçons musculeux comme lui le suivaient... Je me reculai.

— « Qu'est-ce, Monsieur, me dit cet ouvrier bottier; que venez-vous conter à cette jeunesse.

— « Ce qui se passe, dis-je, ce qui aura lieu plus tard? »

Je me mis à répéter ce que vous savez déjà; et deux ou trois femmes d'un côté et trois ou quatre de l'autre survenues, je dus recommencer une narration interrompue par des exclamations d'horreur et de colère; mais tout cela ne me laissait pas voir la belle inconnue. La porte demeurait close.

— « Où est mademoiselle Gibrat? s'entre-demandaient les commères.

— « Ah! dam, quand on est jeune et jolie, on a des aventures.

— « Ah! Madame Poiret, par exemple, c'est une sainte.

— « Je ne dis pas; mais voici matière à complainte sur son compte. A-t-on jamais voulu me tuer, moi?

— « Pas plus que vous embrasser, mère Poiret, dit un gamin glissé dans la foule.

— « Que dit ce va-nu-pieds, ce filou, ce voleur... »

Une querelle s'entamait, lorsque, de l'étage supérieur où logeait une honnête blanchisseuse en plein parfum de bonne réputation, descendit, son rat-de-cave à la main, mademoiselle Gibrat... une manière de fée... Dix voix s'élevèrent pour lui conter son histoire, pour lui désigner son sauveur. Elle, pâle, éperdue, troublée, écouta ce qu'on lui disait, et, versant des larmes, réclamait de ses voisins une assistance qu'ils ne lui déniaient pas.

Au milieu du tumulte, je pus observer que l'heure s'approchait où les brigands se mettraient en marche; qu'il convenait de régler les préliminaires du combat : le locataire principal, sergent dans sa compagnie de garde nationale, s'en alla, avec l'épicier de la maison, quérir main forte au poste voisin de l'Abbaye, et prévenir le commissaire de police du quartier.

La chambre de la jeune fille fut abandonnée; une lumière y resta pour servir de leurre aux ennemis. Mademoiselle Gibrat et moi, et un renfort respectable de voisins, augmenté du bottier et de ses quatre acolytes, descendîmes au premier étage, chez un employé de la loterie, aujourd'hui marron-courtier des loteries étrangères, où nous nous mîmes en embuscade.

Deux heures s'écoulèrent. On causait activement; mademoiselle Gibrat, toute craintive, répétait pour la dixième fois les détails de l'acte de charité qui lui eût coûté si cher, et moi je prenais plaisir à la voir si pure, si gracieuse, naïve, s'accuser de sa bienfaisance: elle convenait avoir trouvé le portefeuille, mais jurait ses grands dieux qu'elle s'était abstenue de l'ouvrir.

— « J'en ignorais l'importance, mais je voulais m'en servir pour me débarrasser des poursuites d'un monsieur qui me fatiguait de ses propositions déshonnêtes ; j'avais cru me sauver de lui en changeant de logement ; je vois que le crime a des moyens qui manquent aux honnêtes gens. »

Tandis que la jeune ouvrière parlait, je voyais, en arrière du groupe féminin, un gentil garçon à la mine ouverte et franche, qui, le cou tendu, les yeux fixes, la bouche ouverte, ne perdait pas un mot de ce qu'elle disait ; parfois un regard rapide de mademoiselle Gibrat se dirigeait de son côté, alors lui, rougissait, et elle baissait timidement la tête. J'en conclus en connaisseur que ce ne serait pas pour fuir les hommages de cet autre adorateur qu'on chercherait une autre maison.

Tout à coup un signal convenu se fit entendre; les propos cessèrent, l'attention s'établit, le drame commençait..... Les mauvais sujets arrivaient sans doute..... En effet, peu après le bruit de la porte-maîtresse annonçant leur présence, et l'escalier gémissant sous leur poids, nous les montra tout proches. Deux des leurs, comme je l'avais annoncé, restèrent en bas ; mais, en dedans, deux autres prirent position à notre hauteur ; les trois autres, avec la fille perdue qui leur servait d'appui, montèrent vers l'étage où ils croyaient trouver leur victime. On les laissa commencer l'exécution du complot ; mais, dès que l'on eut entendu appeler à diverses reprises mademoiselle Gibrat, tout à coup, des divers appartemens, des magasins et des maisons voisines, surgirent, comme par enchantement, un tel nombre de citoyens armés, que les sept bandits et leur complice furent saisis, sans qu'il leur fût possible de résister.

A voir leur découragement, on concevait leur surprise. Qui les avait décelés? d'où avait pu naître leur infortune? C'étaient les questions qu'ils s'adressaient à eux-mêmes. Cependant on les garrotta solidement, et on les conduisit ainsi, après un premier interrogatoire, à la Préfecture de police, d'où, par cascade, on les envoya à la Force. Les papiers, repris des mains de mademoiselle Gibrat, devant suffire à provoquer pour eux la peine capitale, il fut convenu que ma déposition serait consignée sous la vague dénomination d'un *quidam*, afin que je ne fusse pas exposé à la fureur des complices, et à ce sujet, et en manière d'exemple, voici ce que me conta le juge d'instruction.

— « En 1810, à l'époque du second mariage de Napoléon, un noble Saxon, le comte d'Aspencraf, vint à Paris pour prendre sa part des fêtes qui signaleraient cette époque fameuse. Dans une de ses courses pédestres, le besoin de se rafraîchir le fait entrer dans un des cafés de la Porte-Saint-Martin; deux individus placés auprès de lui achèvent leur bouteille de bière, paient l'écot, et s'en vont.

Le comte, demeuré seul, voit une liasse de papiers, comme ceux trouvés par mademoiselle Gibrat; la curiosité indiscrète le gagne, et, au lieu de remettre convenablement tout de suite sa découverte au maître de la maison, il se met à lire, et trouve l'organisation complète d'une horde de voleurs, alors chaudement poursuivie, et à laquelle on n'atteignait pas. Oh! pour le coup, l'étranger croit rendre et rend en effet un grand service; il va de ce pas au ministère de la police : c'était encore Fouché qui l'occupait, lui montre sa découverte; on le loue. L'empereur lui en parle, on lui donne la croix d'honneur; et, après avoir paru au procès comme témoin accablant, c'est d'après les pièces qu'il a remises à l'autorité que l'on décide l'exécution des premiers chefs de la bande.

Six mois s'écoulent. Le comte d'Aspencraf

veut s'en retourner en Saxe; son maître d'hôtel, auquel il demande un domestique français, pour remplacer le valet de chambre qui ne veut plus quitter Paris, lui propose un élégant jeune homme d'environ vingt-deux ans, beau, gracieux, leste, intelligent. Oh! Francis (ce fut son nom), tarda peu à passer pour une merveille : il se multiplie, il vaut lui seul mieux que quatre de ses pareils; on ne peut assez le louer, on augmente ses gages, on les double, et il consent à suivre le comte en Allemagne.

Celui-ci, rentré dans sa patrie, tarda peu à tomber sous la tyrannie de la fée Guignon; rien ne lui réussissait, tout au contraire tournait à mal, et cela avec une constance désespérante. Deux vases de porcelaine d'un très-haut prix, objets de l'affection de curiosité du comte, furent mis en mille pièces par deux chats que nul ne se rappela avoir jamais vus, et qu'on avait enfermés toute la nuit dans la salle des vases.

Quelques jours après, un attelage de quatre chevaux mecklembourgeois, admirables par leur forme et leur vitesse, moururent empoisonnés ; du moins on trouva dans leurs entrailles des restes d'arsenic et d'autres matières vénéneuses. Par cinq fois, on tenta nocturnement de mettre le feu au château ou à ses dépendances ; un hasard heureux préserva celui-là, mais une grange entière fut consumée par l'incendie ; de plus, deux fouines, quatre belettes, apportées dans la volière et la basse-cour du comte, y firent un tel ravage, qu'il fallut tout repeupler.

Les poissons de l'étang seigneurial périrent tous aussi ; un chien favori du comte fut tué à coups de couteau dans le parc de la maison, et les quatre glaces du salon d'apparat tombèrent soudainement de la muraille, où on reconnut qu'on les avait nouvellement dessoudées ; plusieurs coups d'une arquebuse invisible, dirigée contre le comte, blessèrent et même tuèrent deux ou trois de ses fidèles serviteurs.

Enfin le dernier enfant de son excellence, âgé de deux mois, fut étranglé ainsi que sa nourrice.

A cette dernière et épouvantable preuve d'une malveillance sans pareille, la consternation se répandit dans le château. Le cher Francis était inconsolable, il montrait une telle activité à rechercher l'ennemi invisible, que son maître, malgré sa douleur, en pleurait de reconnaissance; aussi sa confiance envers lui redoublait, et certes il la méritait par son zèle et sa rare affection.

Tous les habitans du château d'Aspencraf vouaient à Francis une amitié sincère, hors la fille idiote de la pauvre nourrice étranglée avec son poupon. Cette créature, élevée et entretenue par charité, un jour qu'en commun on s'entretenait des événemens sinistres dont ce beau manoir était le théâtre, et, entendant en accuser les *lutins* et les *bons-valets*, se mit à dire :

— « Non, non, ce ne sont pas les amis de mon enfance qui nous font tant de mal, cela vient des hommes : les farfadets ne sont pas si méchans.

— « Comment le sais-tu, Dorothée? lui demanda-t-on.

— « Je l'ai entendu dire au cimetière l'autre nuit; j'allais pour y parler à ma mère, la frayeur me gagna; j'y reviendrai bientôt, et je saurai ce qu'il en est. »

On se mit à rire de cette manière neuve de découvrir les mauvais sujets, et la gaîté de Francis dépassa celle de ses camarades; il agaça Dorothée, et voulut parier qu'elle ne signalerait pas l'incendiaire, le meurtrier, l'empoisonneur.....

— « Ne tenez pas mon enjeu, Francis *Franchimann*, lui dit-elle, il vous en arrivera mal. »

Deux jours après, une balle, lancée par l'arquebuse invisible, atteignit l'idiote au bras gauche : celle-ci, moins effrayée que courroucée, se mit à chercher la balle; elle la retrouva; alors la montrant à tous, elle dit :

— « L'assassin est dans le château... Je sais où l'on tient les balles pour la chasse au loup;

j'ai été les prendre toutes, et leur ai fait à chacune une croix... Voyez! la croix est là. »

En effet, la marque mise par l'idiote était visible, mais cela n'était pas une preuve contre Francis, puisque tous les gens du château avaient le droit d'aller chercher le plomb dont ils pouvaient avoir besoin pour une chasse autorisée par le maître; cependant on demeura persuadé que l'ennemi méchant était dans l'intérieur : une surveillance continuelle se maintint.

Un matin, Dorothée la folle gambadait dans l'avenue du château; elle vit venir à elle François monté à cheval et tenant à la main un paquet de lettres pour le bureau de poste, situé à l'extrémité du village.

— « O Francis, cria-t-elle, Francis! faisons la paix, je vous apprendrai à parler aux morts ; enseignez-moi à écrire aux vivans...

— « Je le veux bien, repartit en riant Francis, et, pour commencer notre bonne intelligence, veux-tu aller à ma place porter ce paquet-ci?

— « Ce paquet? dit nonchalamment Dorothée; et que contient-il?

— « Rien que ta damnation éternelle dans l'autre vie et une mort prompte sur terre, s'il t'arrivait d'y donner un coup d'œil.

— « Dans ce cas prenez-en vous-même la peine; je tiens à souffrir où nous sommes pour ne pas vous rencontrer en enfer. »

L'esprit de contradiction est naturel à l'homme. Francis, voyant que Dorothée n'avait pas envie de lui rendre le service qu'il attendait de sa complaisance, n'en fut que plus empressé de l'y contraindre, et, moitié en lui faisant peur, et moitié en lui promettant une récompense, il la détermina à se rendre à la poste, à son lieu et place. L'idiote, chargée du paquet, chemina lestement tant qu'elle put se croire sous l'inspection de l'œil de son ennemi; et, lorsqu'un détour du chemin l'en eût séparée, elle se jeta dans un taillis voisin, et là, avec une sagacité d'instinct, vérifiant les lettres; elle en reconnut une écrite par Francis (1) à la forme des caractères, car déjà, dans diverses circonstances, elle avait vu des pages de comptes écrites par celui-là.

Ayant donc mis la main sur ce qu'elle voulait enlever, elle reprit son chemin après, avoir caché sous sa cotte la missive du Français. Qu'en espérait-elle? Cette fille a toujours soutenu que, pendant la nuit précédente et dans le cimetière où elle avait été prier; sa mère lui étant apparue, lui avait dit qu'avant peu elle lui ferait surprendre les secrets de son ennemi.

Munie de la lettre, Dorothée rentre au château, la décachète et va la poser tout ouverte sur le bureau du comte. Celui-ci, rentrant dans son cabinet, voit un papier écrit don

---

[1] J'ai eu une gouvernante qui, ne sachant pas lire, reconnaissait admirablement de qui me venait une lettre, pourvu que j'eusse nommé devant elle la personne et lui eusse montré cette seule fois l'adresse.

machinalement il prend lecture : c'était la révélation de toutes les tentatives des crimes et des dommages dont Francis était l'auteur. Il les racontait au chef de la bande des brigands que le comte d'Aspencraf avait envoyés au supplice. Francis, fils d'un des condamnés, avait promis à ses complices de ruiner d'abord leur délateur, et puis de le faire périr après avoir immolé toute sa famille. Le comte, tombant à genoux, remercia le Ciel, et ne balança pas à faire arrêter son valet de chambre; les preuves de sa scélératesse s'accumulèrent en si grand nombre, qu'il fut facile d'obtenir contre lui une sentence de mort.

IV.

Mauvaise nouvelle. — Église de la Madeleine. — Aventure de Napoléon dans les rues de Paris. — Vignon, l'architecte. — Jugement de Salomon. — L'assassin de Ferdinand VII et la reconnaissance royale; anecdote du temps de l'empire. — M. de Cailhava.— Mademoiselle sa fille.

La première fois que je me présentai chez le comte Sou....., je lui vis un air gêné, une sorte de malaise qui m'inquiéta; je lui en demandai la cause : lui, troublé et bégayant, hésita d'abord à me répondre, puis me prenant la main :

— « Hélas! dit-il, je suis contraint à renoncer à ce qui aurait fait le charme de ma vie; je voyais avec bonheur vos assiduités chez moi, vous donner le nom de fils m'eût été agréable; mais ma fille, qui, de son côté, apprécie vos vertus, avait à l'avance disposé de son cœur.

— « Je le sais! repartis-je en soupirant; mon malheur m'est connu dans toute son étendue : du moins le choix de mademoiselle de S..... me prouve son goût exquis, la noblesse de ses sentimens, et cela me console en partie. Puisse-t-elle jouir de la félicité qu'elle mérite et que j'aurais essayé de lui procurer. »

Le comte, plus à son aise après la franchise de cette explication réciproque, m'annonça que, sous peu, le mariage de Nalinska aurait lieu avec mon rival. Celui-ci, par délicatesse et par noble procédé, avait exigé que l'on quitterait l'hôtel d'Angleterre, afin que je ne fusse pas le triste témoin de son bonheur. J'appréciai tout ce qu'il y avait de parfait dans cette mesure, et témoignai mon regret de perdre de si aimables voisins.

Je ne demandai pas à voir celle qui, nouvelle Hélène, avait failli armer de nouveaux Grecs contre d'autres Troyens; je rompis la conversation, et, profitant de la venue du comte de Saint-Germain, je quittai l'appartement où je me promis de ne plus rentrer.

Ayant toujours besoin de distraction, j'allai en chercher dans la visite faite à divers monumens parisiens.

L'église de la Madeleine, monument grec par son élégance, et romain par sa grandeur, n'est pas encore achevée au dedans, mais son extérieur se présente avec une majesté peu commune. Ce n'est pas le fruit d'une imagination créatrice, c'est l'heureuse imitation du style et des formes antiques. J'ai connu son architecte, Vignon; on a fait sur lui force contes; on a voulu que son choix fût l'effet d'une méprise; cela n'est pas. Vignon avait du mérite. L'empereur en avait entendu parler par Murat, et d'ailleurs une circonstance particulière l'avait mis à même de juger l'homme.

Napoléon, à l'instar du fameux calife Araoun-Alraschid, aimait à sortir nuïtamment, à parcourir les quartiers de Paris; le jour, souvent aussi, on le voyait, suivi de Duroc, de Roustan, visiter en amateur les monumens, les objets d'arts et les manufactures curieuses par l'esprit d'ordre et d'industrie qui les animaient.

Un soir, entre chien et loup, Napoléon, en sa compagnie ordinaire, explorait le faubourg Saint-Antoine; pendant ce temps, et sur la place de la Bastille, au café situé à l'angle du boulevard, et près de la rue des Tournelles, Vignon buvait seul une bouteille de bière. A côté de lui, cinq chenapans établis sirotaient en grand du vin et des liqueurs *chenues*. Voici un sixième camarade qui, tout échauffé, se met à dire :

— « Allons, à l'œuvre, le milord est en

course; il n'a avec lui que son nègre et son ami, l'occasion est bonne.

— « Où l'as-tu vu ?

— « Dans la rue de Charonne : il demandait la rue de Lappe. Je l'ai suivi; il a parcouru celle-ci; presque au passage Saint-Louis, la curiosité l'a fait traverser ce dernier, et il est entré au café voisin, où il sable de l'ale en franc milord.

— « Où est Neveu ?

— « Chez lui, ici, tout contre.

— « Allons le chercher.»

Ces misérables s'élancent hors du café en négligeant de payer. Vignon ne fait pas comme eux; mais il court aussi vite, et, poussé par le désir d'obliger un inconnu, un Anglais, chose rare à Paris à cette époque; il se rend au café de la rue du faubourg Saint-Antoine, à main gauche, où il espère trouver celui à qui on en veut..... O surprise ! c'est Napoléon, accompagné, ai je dit, de Duroc et de Roustan. A cette vue, son cœur se resserra, son sang se glaça. Cependant il s'avance, et, venant à l'empereur, il lui dit à voix basse :

— « *Monsieur* ou *Milord*, comme on vous appelle, sortez d'ici tout de suite; il y a un complot formé contre votre personne.

— « Jeune homme, prends garde à tes paroles, répondit l'aigle moderne en tressaillant. »

Vignon, loin de frémir, loin d'être foudroyé par ce regard de flamme, conte rapidement ce qu'il sait. Aussitôt Duroc se détache, parle à un individu qui, posté en dehors du café, paraissait bâiller aux corneilles. Celui-là s'élance, siffle, fait des signes, et, trois minutes après, plus de huit hommes dévoués occupent le lieu et saisissent ceux qui arrivent ; en même temps, une voiture de place en station prochaine, apparente, s'approche, on ouvre la portière, Napoléon monte avec Duroc et Roustan, et on roule.

— « Votre nom, avait dit le consul à l'instant du départ?

— « Vignon, architecte. »

Les jours, les mois, les années s'écoulèrent, et Vignon fut oublié ; on ne songea point à lui, soit oubli, soit indifférence, soit dépit, peut-être : chez les grands tout est possible. Cependant, lors du concours pour le temple de la gloire, le souvenir du jeune homme revint à l'empereur ; l'œuvre, d'ailleurs, méritait la préférence, mais les rivaux étaient nombreux et puissans. Duroc rappela l'aventure du faubourg Saint-Antoine ; l'empereur dit : Il aura la préférence.

Le ministre de l'intérieur penchait pour Percier et Fontaine, ou plutôt pour leur travail, déguisé cette fois sous un nom obscur, petite rouerie modeste qui devait accroître leur renommée ; afin que ce dessin fût accepté par le maître, on l'envoya en Pologne (où était alors Napoléon), en la compagnie d'une douzaine, plus mauvais les uns que les autres, celui de Vignon ayant été oublié par mégarde.

L'empereur, en les examinant, s'adressa au baron Denon, qui était de moitié dans la tromperie, et demanda pourquoi il ne voyait pas le projet de Vignon.

— « Sire, c'est par distraction qu'il n'est pas là; d'ailleurs, il est si mauvais.

— « Oh! que dites-vous là, c'est un chef-d'œuvre auprès de toutes ces croûtes. Qu'on me le présente, et qu'on fasse sur tous un rapport motivé. »

Le rapport eut lieu; lui encore fut défavorable au jeune artiste. Napoléon, enfin impatienté, se mit à dire :

— « Je vois bien que je dois moi-même rendre à M. Vignon la justice qui lui est due. Baron Denon, je vous commande d'écrire à mon ministre de l'intérieur que le concours est clos, et que j'ai donné le prix à l'auteur de ce beau temple grec. Grace à lui, la gloire sera dignement logée en France. »

Malgré le dépit de cette détermination, qui contrariait tant d'amours-propres et de spéculateurs, il fallut y souscrire; Vignon l'emporta, et M. Fontaine, ne le lui pardonnant pas, manœuvra, intriguant avec tant de persévérance et de vivacité, qu'il se fit adjoindre à Vignon pour la décoration intérieure et extérieure du monument. Vignon s'en moquait, ne voulant lui laisser rien à faire lorsque ce moment viendrait. Une mort inattendue le frappa, et un successeur lui fut donné : son étoile permit que ce ne fût pas le destructeur du château des Tuileries et le démolisseur des appartemens de Versailles.

Voilà l'anecdote telle que Vignon me la conta un dimanche où, avec lui, je dînais à Choisy-le-Roy, chez la vieille et très-spirituelle dame Basly, qui mérite une place parmi les femmes remarquables de ce siècle et du précédent ; mais, avant que de parler d'elle, je veux prouver que Napoléon n'a pas été, parmi les souverains, le seul à oublier les services rendus. Voici ce que je tiens mot à mot de la bouche du baron de L... L..., ex-auditeur au conseil d'État impérial. Je le laisse narrer lui-même :

— « Grace à l'archi-chancelier, et un peu malgré S. A. S. la princesse d'A..., je venais d'être nommé auditeur au conseil d'État. Cambacérès voulant m'obliger, s'imagina que le ministère de la police m'offrirait une belle et fructueuse carrière, et afin de me montrer au ministre sous un jour favorable, il me faisait remettre tous les mardis un dossier d'affaires épineuses que je devais dépouiller, analyser, mettre en ordre, et présenter clair, net, avec les pièces à l'appui.

« Je faisais ce travail sans goût, mais avec soin, et tout en répétant à S. A. S. que je préfèrerais la diplomatie ou l'administration. Un certain mardi je vais chercher la besogne, de la semaine; on me remet trois ou quatre dossiers fort gros, très-lourds, et annonçant à la vue et au tact l'importance de la matière; c'étaient, en résultat, des crimes obscurs, des délits nombreux. Que sais-je? leur insignifiance les a fait sortir de ma mémoire.

« Me voilà chez moi devant mon bureau, dénouant le premier patot : il s'en échappe une multitude de procès-verbeaux, interrogatoires, lettres confidentielles, actes publics et privés ; dans la foule, je mets la main et porte les yeux sur une pièce majeure. Nous étions en septembre 1810, par conséquent l'infant Ferdinand VII, prince des Asturies pour nous, roi d'Espagne pour ses sujets, se trouvait triste habitant de Valançey, à la compagnie des infans don Carlos, aujourd'hui si glorieusement Charles V, roi d'Espagne et des Indes, son frère, et don Antonio, son oncle ; un misérable attaché au service de ces augustes personnages, jugeant du grand Napoléon par sa lâcheté personnelle, proposait au ministre de la police d'empoisonner les trois prisonniers ; il indiquait la manière dont il commettrait l'attentat, répondait du secret et demandait en paiement la somme de deux millions comptant ou une rente annuelle de cent trente mille francs.

« Le tout se présentait avec un tel ensemble de combinaisons perfides si adroitement accomodées, que j'en eus horreur. La date était récente, et peut-être en ce moment donnait-on suite à cet abonimable guet-à-pens, non que je crusse l'empereur capable de consentir à un pareil forfait, mais je n'avais pas, je l'avoue, autant de confiance en ses subordonnés.

« La vue de cette lettre, la fausse position dans laquelle elle me plaçait, jetèrent une affreuse perturbation au fond de mon cœur. Tendait-on un piége à ma discrétion, car rien dans les dossiers remis ce jour-là à mon examen ne se rapportait à cette affaire exécrable : elle paraissait comme tombée des nues, la lettre indigne ! et néanmoins j'en étais compromis : pouvais-je la renvoyer au duc de Rovigo dans un pli séparé ? ne me perdrait-elle pas certainement : car si, par cas, on y donnait suite, ne voudrait-on pas se débarrasser d'un témoin peut-être suspect ? Je voyais Vincennes, le mont Saint-Michel, ou, pis encore, que savais-je ? et où mes tristes conjectures pourraient-elles s'arrêter ?

« Au milieu d'un tel conflit qui me vieillit de plusieurs années en quelques minutes, mon esprit, fortement ému, s'arrêta, *primo*, à faire disparaître cette odieuse épître, point rangée à son numéro d'ordre, et, je le répète, noyée dans un océan de feuilles de papier, qui toutes lui étaient étrangères; *secundo*, de ne pas rester les bras croisés en présence d'un autre régicide, bien persuadé que j'étais que ce serait rendre à Napoléon un service de frère en m'opposant de tous mes moyens à l'exécution d'un forfait aussi horrible; *tertio*, de soutenir dorénavant, à quiconque réclamerait ce document que je ne l'avais pas vu, et de paraître ignorer son existence.

«Je commençai par l'apprendre par cœur, c'était un bien mauvais travail ; je vins pourtant à bout de cette œuvre difficile, et lorsque ma mémoire eut été pleinement chargée de la proposition criminelle, j'en fis à mon tour un brillant et brûlant *auto da fé;* jamais en réalité il ne fut *d'acte de foi* plus sincère de ma part. La flamme d'une bougie dévora l'œuvre de ténèbre, j'en délayai la cendre dans un vase, je jetai en lieu sûr le contenant et le contenu.

«La chose terminée, je me questionnai sur la suite des démarches nécessaires à consommer ma grande œuvre. Comment parvenir sans péril aucun de ma mince personne auprès de Ferdinand VII et des siens? comment attirer leur attention, obtenir leur confiance, surtout leur confiance si alarmée, si en garde contre les agens cachés de Napoléon? Je savais qu'au mois de mars de cette même année, Ferdinand VII avait fait arrêter à Valençay un fripon venu à lui sous le nom et les habits d'un baron de Colly, envoyé de la police impériale, que déconcerta cet acte d'habileté.

« J'avais donc à craindre un sort pareil, et d'être immolé par celui-là même que je voulais servir. J'allais tous les dimanches dîner chez la comtessse de Beauharnais, tante de l'impératrice et grand-mère de la duchesse de Bade, princesse Stéphanie ; je rencontrais là pareillement, avec une assiduité égale, M. de Cailhava, gentilhomme toulousain, issu d'une famille très-ancienne et originaire du diocèse de Narbonne ; c'était un littérateur de mérite, bon auteur comique et législateur de la scène française. Son *Art de la comédie*, ouvrage de premier ordre, et diverses œuvres dramatiques lui donnaient une réputation à laquelle il avait ajouté par son mérite personnel et sa conduite politique. Aimable, gracieux, franc et loyal, sachant se servir aussi bien de son épée que de sa plume, il avait passé une jeunesse brillante au milieu des plaisirs, et sut augmenter dans l'âge mûr sa considération. Aimé de la société, estimé du public, il coulait en paix une vieillesse honorable, embellie par la vertueuse pitié de sa fille, autre Antigone qui, oubliant qu'elle était belle et spirituelle, ne s'occupait que de soigner son père, que de lui faire passer paisiblement la fin d'une existence octogénaire.

M. de Cailhava connaissait plusieurs langues vivantes : l'anglais, l'allemand, l'italien et l'espagnol; pour mieux cultiver celle-ci, il s'était lié avec un grand nombre de señors aimables. J'ai vu chez lui deux jeunes gens qui promettaient beaucoup : MM. Orfila et Lacoma. Le premier est aujourd'hui doyen de l'école de médecine parisienne, et le second, avec justice compte parmi nos meilleurs peintres de portraits et de fleurs. On déplore que la faiblesse de sa vue et sa nonchalance le détournent d'un art où il aurait marché à pas de géant, mais où il a su se donner une place éminente.

Je savais que, dans le nombre des Espagnols intimes chez M. de Cailhava, il s'en trouvait un, royaliste ardent, et tout portait à croire qu'il était à Paris l'agent secret de son souverain; en conséquence je priai mon vieil ami de me mettre en présence du señor B..., et, deux jours après, j'allais dans son cabinet avec cet étranger. Lorsque je fus convaincu de la noblesse de ses sentimens, je lui révélai ce que j'avais découvert, et, sous ma dictée, il écrivit la lettre par moi détruite et rétablie avec le même fonds et avec d'autres mots, afin d'empêcher qu'on ne me prouvât son identité avec la précédente.

M. B.... me remercia au nom de Ferdinand VII : le traître lui était connu. Nous nous séparâmes en convenant de ne plus nous revoir, mais en nous promettant de nous instruire réciproquement de ce que nous apprendrions sur ce sujet. Plusieurs mois se passèrent. Un jour mon valet de chambre m'annonça un jeune Espagnol, venant à moi au nom de M. B....

— « Je suis chargé de vous apprendre, Monsieur, me dit-il, que votre paquet est heureusement arrivé, et à temps, avec la consultation qu'il renfermait. Il a paru à propos, car on allait suivre le régime que vous avez renversé. Comptez sur une reconnaissance éternelle; le cher malade sait votre nom, il ne l'oubliera pas. »

Cela terminé, salut et retraite. Je quittai Paris, je vins à Toulouse, je passai en Italie. Chassé par les coalisés, en 1814, je rentrai en France et fis à Carcassonne un établissement provisoire. Dans les premiers jours de mars 1814, ou dans les derniers de février, le roi d'Espagne, rendu à ses États, passa dans cette ville. Je l'appris et fus lui rendre mes hommages, espérant qu'il me reconnaîtrait. Je cherchai à porter sur moi son attention, et, dans ce but, je lui dis lors du baise-main :

— « Sire, permettez à des Français qui se rappellent leurs anciens monarques de présenter l'hommage de leur respect au descendant de saint Louis, d'Henri IV et de Louis XIV. »

Certes, ceci aurait dû lui parler; il n'en fut rien. Le roi, sans manifester qu'il se ressouvenait de mon service, ne me fit pas un meilleur accueil qu'au reste de l'assistance, et je ne crus pas devoir, à cette époque encore incertaine, lui dire rien de particulier.

Les événemens se pressèrent : je ne me hâtai pas; ce fut seulement en 1816 que j'écrivis à Ferdinand VII, par le canal de son ambassade à Paris. Une autre lettre, en 1818, demeura, comme la première, sans réponse; j'en eus assez de la reconnaissance de ce monarque, et oncques plus, jusqu'à sa mort, il n'entendit parler de moi.

V.

IL n'est bruit dans Paris, depuis quinze jours, que des incartades galantes d'une dame de haute qualité; elle porte un des plus beaux noms de l'est de la France. Elle est jeune, belle, aimable, et joint à ces perfections un amour sans fin du plaisir. Elle habite la province; mais comme ses amans sont à peu près en permanence à Paris, il n'est pas de bonne ruse qu'elle n'emploie pour s'y faire conduire par son mari. Sa santé, par trop florissante, ne lui permet pas de feindre des maladies; mais, en revanche, elle a évoqué tout le génie des Normands, et fait naître tant de contestations, de querelles, de domaines, de procès, que force est souvent au cher époux de prendre son vol vers cette cour unique de cassation, un des filets nombreux que Paris jette sur la province, et à l'aide duquel il fait venir à lui les deux tiers au moins des plaideurs. Cet abus est criant, on voudrait en France cinq cours de cassation, une pour le nord, une pour l'ouest, une pour le midi, pour l'est la quatrième, et la dernière, que Paris conserverait, serait celle du centre. On souhaiterait un partage pareil de la cour des comptes ; on ne peut assez concevoir combien la centralisation dévore la France au profit d'une seule cité.

Voilà donc le marquis de... métamorphosé en comtesse de Pimbèche; le voilà courant d'abord les routes, allant et venant de Paris au chef-lieu de son département, puis les rues, tandis que sa femme, fixée dans un hôtel garni de la chaussée d'Antin, mène de front quatre, cinq intrigues, sans s'embarrasser du qu'en dira-t-on et des remarques malignes des valets et des habitués de son logis.

Dernièrement elle aperçut à une des fenêtres d'une maison vis-à-vis de son hôtel un véritable enfant du midi, jeune et paré de la beauté incomparable des enfans de Florence. C'était un sculpteur passionné de l'art enthousiaste de la nature, chantant avec un goût exquis, et travaillant le marbre en noble élève de Canova ou de Tornvaldsen, simple, naïf, sans malice. Il crut, lorsque la superbe marquise l'envoyait chercher, qu'il lui survenait là une bonne fortune d'artiste, c'est-à-dire une œuvre à faire et une récompense généreuse à recevoir.

En effet, le mari, d'ordinaire porte-caducée de sa ravissante compagne, formula en termes d'homme de haut rang que la marquise de ..., instruite des talens du signor C..., souhaitait avoir, de sa main, son buste en médaillon et en marbre : plus tard elle se déciderait, selon toute apparence, à vouloir une ronde bosse complète.

L'artiste prit jour, et ne tarda guère à prendre feu. Son cœur, vivement excité, rêva le bonheur, et ne douta pas de la constance. Un soir, au moment où la femme de chambre sortait pour la dernière fois d'auprès de sa maîtresse, déjà au lit, celle-ci lui recommanda de fermer la porte à un seul tour de clé. De là naquirent des soupçons dans l'esprit de la soubrette, qui, maligne selon la coutume, feignant d'obéir, donna lestement deux tours de clé; puis elle fut faire part à la valetaille de l'hôtel de sa rouerie, et on se mit en embuscade.

Il faut dire que sous prétexte de rapprocher le modèle du statuaire, celui-ci avait pris une chambre sous le même toit ; un pliant, un matelas, une couverture de laine y figuraient un lit, sur lequel l'Italien se jetait, lorsque vaincu dans son enthousiasme par la fatigue, il avait besoin de repos, et ceci arrivait positivement chaque fois que le marquis récommençait ses caravanes.

Cette dite nuit, et vers une heure du matin, la patience des écouteurs fut récompensée par la vue d'un fantôme blanchâtre qui, traversant une cour, monta au second étage; mais là, parvenu au salon, un obstacle invincible ne lui permit pas d'être reçu : la porte, solidement fermée, ne s'ouvrait pas malgré les efforts de la dame.

La marquise se rappelle que, dans ce même salon il y a un cabinet obscur où l'on peut se retirer, y envoie le bel artiste, et délibérément se met à sonner : la soubrette accourt. On se plaint d'une soif horrible, on veut un verre d'eau sucrée; puis on la renvoie en lui répétant de bien faire attention en refermant la porte; que, si elle n'eût fait qu'un tour de clé, la dame aurait elle-même été à la recherche de l'eau; que, d'ailleurs, elle aime d'être à l'abri d'un incendie.

Il est fait selon sa volonté; mais un malin groom lâche un chien anglais dans ledit salon.

Il sent l'homme : les aboiemens infernaux éveillent la maison; les hôtes se lèvent, les valets accourent, et au beau milieu de l'escalier, on rencontre le statuaire, amené là, dit-il, par le tapage. On feint de le croire, mais il doit rentrer chez lui, et le rendez-vous est manqué, au grand déplaisir de la dame.

Il y avait, dans les mansardes de cet hôtel garni, un de ces jeunes inévitables du siècle, à barbe de bouc, à chemise sale, fils de je ne sais quel honnête artisan de village, et venu à Paris pour faire fortune, car il avait du génie. Or, posséder aujourd'hui du génie, s'acquiert aux conditions suivantes. N'avoir aucun parent à pouvoir nommer, prendre le premier nom venu, qui est toujours celui de la mère ou de l'aïeule; se faire graver un cachet féodal où les règles du blazon sont négligées ; ne parler que du moyen-âge; citer ses ancêtres; savoir lire à peine, écrire *couci couci;* ne connaître ni le grec, ni le latin, ni les langues vivantes, pas même la sienne; ignorer l'histoire, la mythologie, la littérature; se loger avec des meubles de la renaissance ; garnir ses quatre chambres de morceaux d'étoffes de soie, d'armures qu'on nommera *panoplies* uniquement ; de méchantes rapsodies artistiques, réunies sans goût et sans connaissance ; être étranger aux arts comme à tout le reste, porter une lévite de velours de coton, et surtout être las des Anglaises, des Espagnoles, des Allemandes, des Italiennes ; prétendre aux femmes arabes ou grecques, faire des tragédies en prose versifiée, que l'on vantera comme on vante les chefs-d'œuvre romantiques de nos jours, copier surtout, imiter ; que la poésie ressemble à de la prose, enfin se mettre à huit pour composer un vaudeville. Avec ces conditions réunies, on sera homme de génie, et inscrit sur la liste des cinq à six cents qui circulent dans Paris.

Or, dis-je, un de ceux-là logeait dans l'hôtel, et le drôle rima une complainte, qu'avec la galanterie française moderne il osa envoyer directement à la marquise. Celle-ci la reçut, réfléchit, et, le lendemain, un billet musqué vint inviter M. Théophore à déjeuner *avec une femme mourante*.

Le fat audacieux accepte sans visite préalable, court chez tous les garçons tailleurs, restaurateurs, ou commis en librairie, ses illustres camarades, et leur communique sa bonne fortune, dont il est déjà las; car il a cette dame depuis un mois. On le complimente, on le goguenarde, et un garçon confiseur lui dit: *Une marquise, j'ai du plus cossu, je fais aller une duchesse. Tiens,* reprend Théophore, *est-ce que je n'ai pas floué une princesse qui avait gros d'écus.*

Il se bichonne, s'adonise, se donne des graces, et, persuadé qu'il vaut un ci-devant, il se présente devant la marquise. Le plaisant contraste! Elle si grande dame, si habilement impertinente, si aimable, si maligne, n'employant que les mots, que les phrases en usage dans la très-haute compagnie; lui, étriqué, mesquin, plat dans sa suffisance, faisant du bel esprit de café et d'estaminet, se servant de ces expressions vulgaires, triviales, si en usage parmi les gêns de peu. Un tiers aurait ri à les voir, et mieux encore à les entendre.

La marquise vante le génie du gars, lui parle

de son esprit, de sa charmante figure, lui demande qui il voit.

— « Oh! dam, tout plein de beau monde : je vas à la Grande-Chaumière, *ous qu'est* Muzard; aussi aux bals de l'Odéon, chez une princesse qui loge rue du Plat-d'Étain, et mon meilleur ami est un comte qui demeure rue Aubry-le-Boucher, chez un tanneur (*historique*), *ous qu'il est* en apprentissage.

Il faut à la dame le vif désir de la vengeance pour ne pas éclater de rire au nez de l'impudent : elle se contient. La conversation s'échauffe; il veut causer plus à l'aise. Hé bien, à minuit vous monterez cet escalier; vous parviendrez au sixième dans le corridor, à la dernière porte du fond à gauche. Je serai là, tandis que ma femme de chambre me remplacera dans mon lit.

Ivre de joie et plutôt d'orgueil, le chevalier français moderne, en rentrant dans sa mansarde, débute par raconter à ces *messieurs* et ces *dames* ses voisins, les laquais et les soubrettes des autres étages, quelle bonne fortune l'attendait cette nuit. Il les invite tous à y prendre leur part *de visu*, et ce monde instruit, d'ailleurs, des allures de la dame, ne doute pas du récit qui lui était fait.

Le reste de la journée suffit à peine à notre incroyable pour communiquer également à ses amis du dehors le bonheur relevé dont il jouirait pour la première fois ; car, règle admise, ces illustres conquêtes, nationales ou étrangères, dont se targue cette foule de godelureaux subalternes, venus on ne sait d'où, sont uniquement des cuisinières, de petites ouvrières, des filles publiques et des femmes de chambre, dont il font des principezza, des myladys, des grandes d'Espagne, etc.

L'heure sonne, le héros, suivi de ses admirateurs, monte au lieu indiqué sans lumière, accroche maints horions, se trompe, se refroidit, la nuit étant fraîche ; enfin il parvient à la porte bienheureuse, il l'ouvre. Une respiration oppressée se fait entendre ; c'est le dernier gémissement de la pudeur. Il court au lit ; lui sous son manteau était nu en chemise ; il se fourre dans les draps, presse dans ses bras une peau fine; mais certaine odeur l'étonne... Tout à coup des cris, des juremens, une grêle réciproque de coups, un vrai combat attire vers ce lieu les lampes de ceux qui sont aux écoutes... On trouve dans une chambre étroite et roulant sous les débris d'un sale grabat notre héros et un vieux nègre, cocher de la marquise, qui surpris dans son sommeil par de tendres caresses, s'est cru en proie aux mains d'un démon de la nuit.

Qu'on se figure les éclats de rire, les huées qui accueillent le jeune drôle, sa confusion, sa rage, son désappointement. Le lendemain, au point du jour, il était hors de l'hôtel. Un ami vint payer et retirer ses malles, et la marquise de ... fut convenablement vengée de ce paltoquet.

Je voulais vous envoyer sa complainte, mais elle est par trop mauvaise; ce n'est pas tout qu'être méchant pour rimer avec esprit un couplet, la satire veut de la poésie; il faut bien chanter, puisque Béranger garde le silence. Assurément son mutisme est bien le blâme le plus éloquent qu'il pût adresser aux actes de ces hommes dont ses poésies admirables n'ont que trop servi les fureurs. Ah! s'il était à recommencer, je ne doute pas qu'il n'imitât son ancien ami Lafitte. Celui-ci, homme de probité, de sens et d'honneur, n'a pas balancé à proclamer sa sortie de la route ténébreuse où il s'était engagé; il en est résulté que, sans faire fléchir les opinions de toute sa vie, il est à la fois en bonne position avec les républicains et les royalistes. Ceux-là rencontrent en lui qui sympatise avec eux, ceux-ci voient sa franchise à faire l'aveu qu'il préfèrerait dorénavant la France de 1789 à celle de 1838. Ceci prouve qu'il voit bien et surtout qu'il ne le croit pas infaillible; il faut plus de vertu que de courage pour retourner sur ses pas que pour aller en avant. Pauvre époque! combien tu grossis le nombre de ceux qui te riment; mais que tu es vile et platte, et que je te trouve peinte convenablement dans ce couplet d'une chanson d'un de mes amis.

L'argent, dit-on, est notre idole;
Celle-là, Messieurs, est de poids.
Est-il un culte moins frivole
Que celui du cinq et du trois ?
   Chacun s'y voue en France,
   Duc, meunier, avocat;
   Et tel pair d'importance
   Se vend pour un ducat.

De bonne foi, soyons unis,
    Carlistes,
    Bonapartistes,
Doctrinaires et bannis,
Et par Chatel bénis.

Quelle mort cruelle que celle de Lafayette. Quoi! faire en tombant si peu de bruit, après avoir tenu dans sa main, par deux fois, le sort d'un grand empire. C'est que les circonstances servaient l'homme, et que l'homme ne pouvait rien de lui-même; il n'a pas su même se servir, et pourtant lui aussi, depuis quarante ans, rêvait à son profit le pouvoir suprême. Voici ce que je tiens d'un homme d'honneur encore vivant. Je lui laisse à me dementir, si je ne répète pas ses propres paroles :

Le 31 décembre 1815, le maréchal Ney venait de subir une mort rendue légitime par sa trahison, mais que la clémence royale aurait dû repousser de cette illustre tête, car les lauriers ne garantissent-ils pas de la foudre. Ce triste et pénible événement occupait tous les salons. Le comte de R......, l'un de ces hommes d'esprit et d'exquise politesse si rare à rencontrer de nos jours, faisait à Lafayette une visite de nouvel an; comme il entrait dans la cour de l'ex-marquis, celui-ci montait en voiture. Il descend, veut rentrer; le survenant s'y oppose; débat de noble urbanité; enfin le maître du logis de dire :

— « Mais, par hasard, iriez-vous au faubourg Saint-Germain en me quittant ?

— « Je compte franchir le Pont-Royal ce matin.

— « Peut-être allez-vous dans le même quartier que moi.

— « C'est possible.

— « Je vais chez madame de Staël.

— « Je m'y rendais.

—« Hé bien! venez avec moi, nous causerons ensemble, et je ne perdrai pas votre aimable visite. »

L'offre est acceptée ; ces messieurs, en tête-à-tête, devisent. Le supplice de l'infortuné héros est mis sur le tapis. Alors l'homme des deux mondes de dire :

— « Mon Dieu! je vois bien comme ceci finira. Les Bourbons sont rentrés deux fois avec l'étranger ; on ne les aime pas (le comte de R.... nie ce propos). On s'armera contre eux ; il y aura sang répandu, guerre civile, troisième exil, et cette fois on établira une bonne république dont je serai le président. »

Voilà ce qu'il a dit mot-à-mot, le marquis de 1788, le républicain de 1791 ; il la voulait, la république ; il espérait sa présidence, et elle est venue ; il n'a pas osé la saisir. Savez-vous pourquoi? C'est qu'il a vu dans la masse intermédiaire une telle horreur de l'anarchie, un tel amour de la paix et de la royauté, qu'il a compris que la constitution romaine ou américaine ramènerait aux horreurs de Robespierre; nous lui devons donc cette pensée sage d'un homme de bien, c'est qu'une monarchie telle qu'elle soit vaut mieux qu'une anarchie, pour si ronflante qu'on la présente.

Lafayette, à l'aspect des sans-culottes vomis de tous les repaires parisiens, qui, pendant les trois journées, apparurent aux regards épouvantés, préféra ceindre le front d'autrui d'une couronne, il est vrai, non souveraine, mais qui du moins a toute l'apparence de la réalité, et qui la conservera tant qu'un prince habile tiendra les rênes du gouvernement. Et certes ce n'est pas à celui qui règne aujourd'hui qu'on fera le reproche de manquer de science, de conduite et d'art; voilà quarante sept ans qu'il a conduit la barque vers un but unique, souvent exposée aux tempêtes, mais toujours maintenue avec une prudence sans pareille au milieu de la tourmente et parmi les écueils.

Au nombre des demi-dieux détrônés, les deux frères Dupin occuperont une place distinguée. Se souviennent-ils encore du concert unanime d'éloges que, pendant seize ans, leur prodiguèrent, sans relâche, les journaux de l'opposition. A les entendre, l'aîné remplaçait feu D mosthène, laissant bien loin de lui Cicéron ; c'était un grand, un très-grand citoyen, le défenseur de la veuve, de l'orphelin. Jamais un seul mot sur son avidité, sur sa grossière bonhomie, sur l'âpreté qui le distinguait ; tout cela s'effaçait devant l'encensement obligé de chaque semaine.

Et le puiné ! c'était la science en personne, étendue en toutes les parties ; on trouvait bon que l'infâme gouvernement royal lui prodiguât les croix, les baronnies, les pensions, les traitemens. L'*aîné* tonnait contre les cumuls, et le *puîné*, cumulard de premier ordre, avait en réalité un nombre de places que j'ai entendu reprocher à un noble et honorable royaliste qui ne les possédait pas, bien qu'il fût digne de les remplir.

Tout passait doux comme miel aux frères Dupin ; on en faisait des géans, et eux croyaient en effet rappeler si bien les Gracches, que, sur le mausolée de leur mère, ils ont mis pour unique inscription : *Ici est la mère des frères Dupin.* C'est laconique, simple, et modeste surtout.

Mais, hélas! surgit le grand jour de l'épreuve, celui où l'on dit à ces frères stoïques : Voulez-vous prendre ou céder aux autres.

— « Quels niais! s'écrièrent-ils ; en vérité, on nous prend pour dupes ; nous refuserions ce qu'on nous offre, ce que nous avons sollicité de tous les ministères, prêts à vêtir les couleurs de qui nous accepterait. Mes amis, je professe le proverbe de Bazile : « *Ce qui est bon à prendre est bon à garder.* »

Ils l'ont dit, ils l'ont fait ; et, en retour de cette gloutonnerie, les camouflets, les huées, les siffleries, les charivarisations, ne leur ont fait faute ; on les a vus dans leur nudité morale, et certes elle ne les favorise pas.

Ils ont eu beau se poser en sauveurs, en libérateurs, que sais-je? montrer leurs souliers. Rien n'y a fait : le coup était porté, le rideau ouvert, le masque par terre. Plus moyen de tromper par des lazzis, des grimaces, des fanfaronnades. On a reconnu en plein la médiocrité avide, intrigante, astucieuse, affamée, et, chaque jour, a retenti le bruit de la chute d'une des mille chapelles érigées en l'honneur de ces deux grands citoyens; du reste, ils auraient été trois, car ils sont trois frères; pour peu qu'on eût laissé le temps au junior de percer avec le même éclat. L'espace a manqué à cette autre apothéose ; et, bon gré malgré, on ne connaît en France que les deux Dupin. Le puîné, dit-on, est prêt à rendre à Dieu son ame, et à la France les quatorze places dont il touche les revenus, et qui, disséminées, rendront bon nombre de familles heureuses.

VI.

Une anecdote scandaleuse du quartier marchand. — Autre pareille. — Les *épouses* venues de loin. — Le docteur en médecine, sa femme et une paire de moustaches, ou l'inconvénient de ronfler en bonne fortune; histoire galante de ces jours-ci. — Causeries, au château, de mesdames du commerce et de l'avocasserie. — Une comtesse, un chevalier et une baronne. — Des roués et rouées du grand monde, anecdote scabreuse. — L'ancien salon de madame de Livry.

UNE aventure scandaleuse occupe la cour citoyenne; je voudrais la raconter, et je crains de passer pour médisant. Cependant mon devoir d'historien me commande de ne pas rejeter ce qui doit servir à peindre les mœurs du moment. Je me contenterai de taire les noms réels, ce sera le seul sacrifice que je ferai à la décence. Quant aux professions, elles resteront ce qu'elles sont en réalité. Voici l'histoire.

Il existe, dans le quartier de la Grosse-Droguerie, une maison enrichie par un siècle de haut et honorable commerce, et rendue opulente par trois ou quatre dernières spéculations hardies, mais habilement conçues. Le succès couronna la tentative. M. Dumeron a aujourd'hui quarante-huit ans. Marié à sa dix-neuvième année, remarié à sa quarantième, il a eu de sa première *épouse* une *demoiselle* charmante, créature douce, polie, obligeante, presque belle, d'ailleurs, et qu'achèvent de rendre admirable les quatre-vingt mille francs de rente que son père lui comptera le jour où elle prendra un époux.

La seconde femme, véritable nymphe et genre grec, doit à ses charmes parfaits l'heureux hymen qui, de la mansarde de repasseuse où elle était naguère, l'avait conduite dans la demeure somptueuse du droguiste Dumeron. Dans sa simple vie de grisette, Justine Babeaud avait rencontré, à je ne sais quel bal champêtre parisien, à la Grande-Chaumière peut-être, un jeune gars de bonne mine, avenant, leste, hardi, bien fait pour émouvoir un cœur; et celui de la gentille ouvrière n'avait pas su se défendre contre une attaque chaudement et savamment méditée. Elle avait donc aimé, cédé. Que dirais-je? on lui promettait mariage, elle crut : à son âge, on a tant de crédulité. Mais à peine la faveur obtenue, l'amant ayant disparu sans laisser de trace, où le prendre? où le demander? On ignorait sa demeure; car, pour se maintenir en bonne position, c'était dans sa chambrette de candide ouvrière qu'on avait écouté ses protestations et couronné ses désirs.

A Paris, il y a des amantes abandonnées qui se suicident; ce sont les folles ou les sottes; d'autres qui, après avoir pleuré, se consolent. Celles-ci témoignent qu'elles ont de la sagesse et de l'aplomb. Mademoiselle

Justine Babeaud s'était rangée dans cette dernière classe, et bien lui en prit ; car, comme son imprudence n'avait pas été fructueuse, elle put aller bientôt tête levée, parler de ses vertus, afficher des principes et se faire passer, selon le dire spirituel de Regnard :

Pour ces femmes de bien dont l'honneur est entier,
Et qui, de leur vertu, parfument le quartier.

La chose eut lieu au pied de la lettre; le curé, le principal locataire, la fruitière, l'épicier, le boulanger, le marchand de vin du coin, tous interrogés successivement par l'amoureux Dumeron, jurèrent leurs grands dieux que mademoiselle Babeaud était nette comme du flint-glass, et chaste comme une vestale. Sur ce, le gros droguiste, de plus en plus épris, se détermine à serrer les nœuds d'un hymen légitime. Il aurait été heureux à meilleur marché, si la donzelle déjà n'eût été prise, mais son expérience lui procura la réserve dont elle avait manqué d'abord, et il parut tant de pudeur dans le refus qu'elle fit des châles, des bijoux, des dentelles, et le reste, que l'amant sur le retour resta convaincu qu'ils trouveraient ensemble le bonheur et ce qui s'ensuit...

Tandis que les dignités civiles pleuvaient sur le nouvel époux, que sa légion le nommait lieutenant-colonel, qu'il entrait dans les dignités municipales, et que l'inévitable croix de la Légion-d'Honneur rayonnait à sa boutonnière, sa maison, long-temps déserte, et où n'étaient entrés furtivement que certaines aventurières, brilla d'un nouvel éclat. On y vit descendre d'un équipage splendide, je le répète, une nymphe, une grace, tenant un bouquet énorme et une épithalame, non moins ample, due à la poésie de M. Viennet ou Croult-Tourlaville. Je n'ai pu savoir positivement qui de ces deux illustres en était le légitime auteur.

Les dames du quartier s'indignèrent d'une telle mésalliance, car la morgue des douairières du faubourg Saint-Germain est fumée vaine auprès de celle qui enivre la haute bourgeoisie dans son rang actuel. Là, chaque profession est classée; là, on y observe l'étiquette avec l'exactitude des villes à livre d'or. De plus, il y avait des demoiselles à établir, et ce passe-droit insupportable doublait la crudité de l'affront.

Les premiers jours on cria beaucoup, on s'affligea pour l'honneur de la grosse droguerie; puis on fit moins de tapage; on plaignit moins la jeune Nina Dumeron, et on aurait fini par tout oublier si un incident n'eût attisé l'incendie en lui prêtant une active véhémence.

La cour actuelle voulant donner des fêtes, et n'ayant pas assez d'anciennes maisons et d'anglaises voyageuses pour remplir les salons des Tuileries, souhaitant d'ailleurs se populariser avec le souverain plébiscite, imagina de convoquer à ses soirées le ban et l'arrière-ban du commerce, de l'industrie, de la banque. Des registres furent compulsés; on exhiba tous les noms plus ou moins obscurs; celui de Dumeron, malgré les ténèbres profondes qui le recouvraient primitivement, ne laissait pas que de jeter un certain éclat. Grace à la croix, au grade et à la charge municipale, il y avait là une femme et une *demoiselle*, la mère et la fille; sans doute on eut même l'espoir de broncher là, sur un mariage légitime, ce qui n'a pas lieu toujours à notre époque de bonnes mœurs, où l'on rencontre si souvent l'amant et la concubine, cachant, sous les apparences de l'hymen, la réalité d'une persistance de débauche.

En conséquence, *l'invitation* à *domicile* et *personnelle* fut lancée à M. le chevalier Dumeron, droguiste, lieutenant-colonel, etc., ce qui laissait croire un vétéran de la vieille armée, à *madame son épouse* et à *sa demoiselle.* L'équivoque de la phrase faillit amener au château une horrible créature, laide à faire pleurer, qui tenait le comptoir de l'arrière-boutique, et qui était connue sous le titre de la *demoiselle* de M. Dumeron ; prétendait que la famille royale la désignait textuellement par cette façon de s'énoncer. Cependant, d'après l'avis de madame Grand-Merle, sage-femme et veuve d'un tambour-major, de madame Boispailleuse, charbonnière, riche, inconsolable des infidélités de son époux, sorte de Richelieu de la rue Bourg-l'Abbé, et de madame Cocunot, papetière, on décida que la reine n'avait pas songé à *une espèce* telle que Rosine Trompette; mais bien à la demoiselle de M. Dumeron, c'est-à-dire, à sa fille légitime.

Le matin de cette fête, la jolie Justine s'était glissée dans la chambre de sa belle-mère, et ayant fait mine de tomber à ses pieds, lui avait avoué, à travers un déluge de larmes et une profusion de sanglots, que, depuis six mois elle était poursuivie activement par un beau jeune homme qui la recherchait pour *le bon motif;* que, sensible et crédule, elle avait trop écouté le séducteur, et qu'enfin un mariage devenait nécessaire, si le dignitaire négociant tenait à ce que sa famille n'augmentât en nombre que d'une manière légale.

A cette confidence inattendue, madame

Dumeron, contenant sa joie secrète, tâcha de consoler sa belle-fille, et, la questionnant, appprit d'elle que l'amant coupable se targuait d'une haute naissance et se disait riche.

Ceci diminua quelque peu la maligne satisfaction de la marâtre, qui, comparant son aventure avec celle de Justine, accordait à celle-ci plus de bonheur qu'il ne lui en était personnellement advenu. Cependant elle passa chez son mari, et, par degré, lui confia la funeste nouvelle. Oh! que le droguiste se montra magnifique dans sa brillante colère! qu'elle eut d'éclat! Mais, apprenant que *l'infâme* était *ci-devant* et titré, il promit de pardonner à l'inconséquente créature, et exigea deux choses : la première, qu'elle nommerait son séducteur; la seconde, qu'elle viendrait au bal du roi pour ne pas, ajouta-t-il avec son éloquence accoutumée, faire *cancaner* les bonnes langues du quartier.

Mais ceci était plus facile que le reste. La jeune fille avait eu plus d'amour que de curiosité. Son amant s'appelait Alexis, était noble:

voilà tout ce qu'elle savait. Seulement il venait chaque nuit la visiter, sous prétexte, auprès du portier, d'aller auprès de sa femme, une créature à qui on avait loué, à cher prix, une mansarde. Le propriétaire s'était applaudi de cette défaite, et ne s'était pas embarrassé des mœurs de sa locataire; lui-même, aux renseignemens, s'était informé si elle payait bien, et, sur la réponse affirmative, s'était frotté les mains en disant :

— « Oh! nous avons là une personne bien respectable. »

Avis aux Parisiens : il ne les corrigera pas.

Nina, pardonnée, embrassée, ayant tari ses larmes, monta en voiture, éclatante de beauté, de jeunesse et d'espoir. Sa belle-mère, non moins radieuse, brûlait d'envie de connaître son gendre futur; car Nina avait dit qu'il appartenait à l'un des corps les plus respectables du royaume. Le père de famille, inquiet, tourmenté, brûlait, lui aussi, d'un vif désir de voir de près le fils qui avait choisi cette voie pour arriver à lui.

La cohue était à son comble; l'Angleterre, selon l'usage, avait fourni toutes ses ladys équivoques, ses maîtresses de pension translatée aux Tuileries en pairesses d'Irlande et d'Écosse; ses aventurières parées avec effronterie des beaux noms de leurs amans, que, par politique, on admettait afin de faire croire à l'Europe féodale que les torys ne se refusaient pas à rendre leurs hommages à notre jeune monarchie.

Il y avait en outre ces Allemandes entre chien et loup, venues en France à la suite des quartiers-maîtres, tambours-maîtres, adjudans et autres, et qui, à Paris, sont toutes baronnes, comtesses, princesses du saint empire. Auprès d'elles se pressaient les Mahya espagnoles, les *Dolores*, les *Nunciata*, compagnes obligées de nos sous-lieutenans, qui en ont fait presque toujours des grandes au moins de troisième classe bien que ce tercet-là ne soit donné jamais qu'au général des Carmes ou au provincial des capucins.

Ce qui réellement jetait un doux rayon

étaient nos marchandes de modes, nos lingères soutenues par les grosses commerçantes des divers quartiers; leurs sœurs, nièces, cousines ou filles, toutes habillées en grand luxe, avec les diamans des oncles et des pères joailliers, en fin ou en faux, et amenées en cet auguste lieu par les grades de leurs maris, ou parens dans la milice citoyenne.

Ce n'est pas que, dans le lointain, et presque toujours à l'entour de la reine des Français et de ses deux gracieuses filles, on ne distinguât un groupe de dix à douze femmes remarquables par l'élégance de leur tournure, la riche simplicité de *leurs toilettes*, et le rire moqueur en permanence sur leurs lèvres pincées. Les grosses madames, par un instinct qui ne trompe jamais, examinaient avec inquiétude ce bataillon formidable, et s'enquêtaient qui le composait; mais nul, parmi *leurs hommes*, ne connaissait ces *donzelles*-là. Enfin, un marchand de vin prétendit que dans le nombre il apercevait une de ses pratiques, la princesse de R.....

— « Ah! s'écria-t-on, ce sont les ci-devant. Voyez les fierpètes, comme elles se tiennent à l'écart; on dirait que nous ne les valons pas; cependant nous ne leur devons rien, et peut-être, elles, ont-elles des comptes ouverts dans nos comptoirs. »

Ce groupe paralysait la vanité des dames du commerce : ce que l'amour-propre hait par dessus tout, c'est la supériorité nominale; il voudrait voir l'univers sous lui, et lui au dessus des autres. La conversation chagrine continuait avec vivacité.

—«En vérité, le roi de notre choix s'expose. Pourquoi ne pas faire le sacrifice de ces madames si arrogantes? nos maris ne se sont pas battus pour qu'on nous affronte.

— « Pour moi, disait madame Aglaé Potasse, je ne suis pas fière, mais je ne veux pas davantage qu'il y ait de la noblesse au dessus de moi, et des prolétaires au dessous assez arrogans pour s'imaginer que nous sommes du même morceau.

— « Je dirai à Charles, ajoutait une troisième; à Charles, vous le connaissez, notre premier commis, ce grand brun de bonne mine?.. je lui dirai qu'il s'explique avec son camarade, Monsieur le prince royal, qui a été canonnier dans sa compagnie, pour que la famille royale choisisse de nous et de celles-là. »

Pendant cette aigre, jalouse et injuste causerie, madame Dumeron se sentit émue; elle pâlit, rougit tour à tour. Elle venait de voir son perfide errer dans la salle, en homme habitué à la maison et souhaitant détourner les regards de son mari, qui, par hasard s'attachaient sur elle.

—«Cheminons, dit-elle. Qui est cette dame si *cossue*, à laquelle parle votre colonel?

— « Oh! une pas grand chose, une ex-batelière enrichie, que sa vieille camarade, la Feuchère, a faufilée là. Au demeurant, il y a gros chez elle, son magot est ample; elle a eu aussi son prince à gruger, un mylord anglais, non encore étranglé, mais c'est tout comme. Elle a divorcé trois fois, et maintenant elle vient d'épouser, de la main gauche, l'ex-valet de chambre du prince de Rohan.

— « Bonté de Dieu! et serait-il là? reprit madame Dumeron d'une voix altérée.

— « Pourquoi pas? il a fait la campagne de Rambouillet avec le maréchal Maison ; il conduisait les héros des rues Pierre-Lescot, Froid-Manteau, de Grenelle-St.-Honoré, de l'hôtel d'Angleterre et du n° 113; aussi a-t-il eu une bonne et grosse place. Il y a fait ses orges, et il est reçu chez Camille comme un camarade; car on dit qu'il a sa part dans un vaudeville... Eh! ma fille, eh! Nina, qu'as-tu mon enfant, tu es bien émue?

— « Papa..... répondit la jeune fille, le voilà.....

— « Qui? demanda le droguiste.

— « Ton amoureux? ajouta la belle-mère.

— « Oui, papa, oui, ma toute bonne ; il est là, causant avec M. Lad... et Dup... et Pas...»

Un double cri échappa à M. Dumeron et à sa femme, cri affreux, déchirant. Et tout à coup on vit l'héroïque Justine s'élancer sur son futur gendre, et lui labourer les joues de ses ongles crochus... Chacun s'empresse, accourt; on arrache le jeune homme aux mains du couple furieux, car l'époux n'était pas moins animé que l'épouse. Sait-on pourquoi l'ex-valet de chambre, le mari de circonstance de l'amie de la Feuchère avait tour à tour trompé la grisette Justine Babeau, et la demoiselle Nina Dumeron? Le prétendu gentilhomme appartenait d'ailleurs à la police, et, en ce moment, il avait charge de veiller à la sûreté du roi citoyen. Une explication suivit cette hostilité inconvenante; le beau monsieur dut se retirer, ainsi que la créature effrontée, qui, sous le voile d'un faux mariage, s'était introduite dans un château où, du moins, si les illustrations nobiliaires manquent, on y rencontre celles de l'industrie, qui, plaisanterie à part, méritent nos égards et nos respects.

Cette anecdote fait grand bruit; elle lutte d'étendue avec celle-ci. Une des notabilités de l'orfévrerie possède une femme charmante, qui répare par de grands talens ce que la fortune lui a refusé en esprit. Cette dame a un cœur tendre : elle aime son mari, et néanmoins ne sait voir souffrir de ses rigueurs les beaux officiers. Il y a peu de temps que l'époux, au milieu de la nuit, ressentant de vives palpitations, et ne trouvant pas sur sa table de nuit son flacon d'éther, pensa que sa femme avait pu venir le prendre; lui, à son tour, se leva, et se dirigea vers la chambre voisine, où reposait sa chaste moitié.

Le joaillier connaissait les localités : il va droit à la cheminée, saisit l'objet de son excursion nocturne, et, cela fait, il retourne chez lui; mais il s'arrête, un bruit effrayant, pénible, frappe son oreille, un ronflement étouffé, néanmoins étendu, part de derrière les rideaux de l'alcove. L'homme d'or connait le péril d'une fausse position; si sa femme s'est endormie sur le côté gauche, ce que le ronflement annonce, elle court risque de mourir frappée d'un coup de sang; il ne faut donc pas balancer à la réveiller ; elle me récompensera de cette attention délicate.

Il dit, marche avec précaution, avance la main, la pose délicatement sur le satin poli du tout gracieux visage..... Mais, ô terreur..... il se recule..... Qu'est-ce? dit-il, ma femme aurait-elle mis ses pieds où devrait être sa tête?... Il revient une seconde fois, et, celle-ci, ne peut douter qu'il n'ait sous les doigts une barbe épaisse, rude, des favoris énormes..... Un cri lui échappe..... un autre cri lui répond, et, en même temps, il est presque renversé par un coup de poing violent qu'on lui applique.

— « Oh!.... qu'est-ce?.... eh bien! où suis-je?.... Qu'on sonne le boute-selle!.... Le régiment à cheval!.... Ah! coquine!.... ah! drolesse!.... » Il la rima très-richement en *tain*.

Le mari, indigné, vocifère mille injures; l'amant, qui sommeillait auprès de la dame au cauchemar prétendu, se croyant dans un guet-apens, frappe à droite, à gauche; la femme appelle du secours; les domestiques, les locataires, sont sur pied. On entre, et l'on voit le joaillier et le capitaine se roulant l'un sur l'autre, se gourmant tous deux en chemise. Il en résulta des bruits bien injustes pour la vertu de la dame; car, en définitive, ce n'était rien. Elle revenait du bal, très-fatiguée; son cavalier, non moins accablé de sommeil, s'était jeté sur une chaise, et s'y était assoupi, se croyant chez lui; la maîtresse de la maison en avait fait autant de son côté, et le diable amena le reste. On jasa beaucoup, et vous voyez que c'était bien mal à propos.

Les aventures galantes ne font faute, je pourrais les multiplier. Je tiens celle que je vais ajouter de l'auteur principal : elle ne manque pas de bizarrerie.

La comtesse de Mal..., beauté dans la maturité de l'âge, avait pour amant le chevalier de Fler..... Elle crut s'apercevoir que celui-ci donnait des soins à la sémillante baronne de Ver..., et sa mauvaise humeur ne fut pas médiocre. Pour se distraire, elle annonça son projet de donner une fête brillante, où les premiers acteurs des Français, et ceux des Bouffes, contribueront à la pompe de la soirée.

Tout Paris cherchait à se faire inviter ; une voix secrète dit à la baronne qu'elle ne le serait pas, et la voilà, exigeant du chevalier qu'il lui procurât le billet que certainement elle n'aurait point par toute autre voie. Il venait pour en faire la demande, lorsque la comtesse, laissant éclater sa jalousie, lui reproche son inconstance ; il se défend, il offre de fournir la preuve la plus forte et de son amour, et de son indifférence pour la baronne.

— « Soit, répond madame de Mal... je vous prends au mot ; mettez-vous à cette table, et écrivez à cette folle que ses agaceries vous sont insupportables, et que je suis le seul objet de votre passion. »

Le chevalier de Fler.... hésite ; il craint de mécontenter une femme dont l'attachement lui est agréable, et néanmoins il ne voudrait pas se brouiller avec une jolie personne, but de la galanterie des hommes les plus à la mode. Il balance, dis-je, et va lentement au secrétaire ; sa despotique maîtresse met devant lui plume, papier, encre, poudre : il faut se décider.... Sur ces entrefaites, entre à pas de loup le mari de la comtesse, à demi soupçonneux, et qui témoigne par son étonnement sa surprise de voir le chevalier en posture d'écrire sous la dictée de sa femme.

Le moment était critique. Une idée soudaine illumine le chevalier, il se tourne vers le survenant :

— « Eh! Monsieur, dit-il, vous venez à propos pour me défendre contre la tyrannie de madame la comtesse : ne veut-elle pas que je lui serve d'intermédiaire et que j'écrive sous sa dictée une invitation à votre fête prochaine pour la baronne de Ver.....? Je ne peux souffrir cette dame, et aider à son plaisir me tourmente beaucoup. »

Le comte voyait avec plaisir la baronne, charmé d'un incident qui la rapprochait de lui; le voilà qui s'adresse à M. de Fler...

— « Quoi! chevalier, vous, haïr une femme charmante, bien née, aimable, qui voit la meilleure compagnie de France. Allons, allons, soumettez-vous au commandement exprès de ma femme; si votre impolitesse persistait en son refus, ce serait moi qui vous remplacerais en cette occurrence. »

La comtesse, courroucée, mécontente d'une part, mais de l'autre craignant d'éveiller les soupçons de son mari, et admirant la ruse de son amant, ne savait non plus ce qu'elle devait faire ; enfin la prudence l'emporte sur le dépit, et cachant sous un sourire gracieux la colère allumée dans son ame :

— « Vous voyez, chevalier, dit-elle, que mon mari veut vous servir auprès de la baronne ; votre aversion pour elle est une feinte. Oui vous écrirez mon invitation, je l'exige, ou je me brouille avec vous ; mais ce sera le comte qui va courir lui-même remettre à son adresse une missive amicale. »

M. de Mel..., enchanté d'une occasion qui le rapprochait de cette jolie femme, ferma les yeux sur la prolongation de la visite du chevalier, et celui-ci, heureux d'obtenir la facilité d'une explication aussi prochaine, certain d'ailleurs que le comte pousserait d'inutiles soupirs, accepta avec non moins de joie le lot que sa belle amie lui assignait si adroitement....

L'autre jour, le vicomte de L........ me raconta une des nombreuses aventures de sa bruyante jeunesse. C'est un de nos seigneurs les plus célèbres dans les fastes de Cythère; je lui conseille sans cesse de publier ses mémoires, bien assuré du succès qu'ils auraient auprès du beau sexe. Surtout sa vie me retrace celle du chevalier de Grammont, du comte de Rochefort, écrite par Gatien des Courtils, du duc de Richelieu, de Casanova, que sais-je? Toujours en quête de bonnes fortunes, amant heureux, brave, spirituel, téméraire, certes ils feraient un contraste piquant aux mémoires modernes et si fameux de *la Contemporaine*, de *la Comtesse Dubarry*, du *Marquis de Tilly*, d'*une Femme de qualité*, du *Chevalier de Singalt*, de *Mesdemoiselles du Thal et Arnoult*, etc. Sa modestie s'oppose à ce qu'il entreprenne un pareil travail...... Sa modestie...... c'est plutôt sa paresse : il adore le *rien faire* avec la pieuse ferveur d'un lazaroni ou d'un ancien moine espagnol. Je crois encore lui entendre raconter le fait suivant, d'autant plus piquant pour moi que j'ai connu les deux héroïnes.

« J'étais jeune, prince, oh! très-jeune, vingt ans, peut-être vingt-un pour vingt-deux, non certes, et j'adorais avec une véhémence sans seconde la délicieuse vicomtesse de Saint-Alpin. Figurez-vous une créole blanche et brune, aux cheveux d'ébène, aux yeux bleus, douce, sincère, tendre, passionnée. L'amour auprès d'elle, c'était le bonheur. Uniquement occupé de ma flamme brûlante, je ne m'apercevais pas que j'étais vu avec intérêt par une séduisante Provençale, madame d'Aubuisson; celle-ci, toute vive, folle, véhémente, impétueuse, capable de faire elle-même ses affaires, si d'autres n'en prenaient le soin.

« Madame d'Aubuisson, ayant une taille moyenne, peu d'esprit, mais force manége, arrivait de sa province. Elle n'était pas assez riche pour faire du bruit au moyen de son luxe, de ses soupers, de ses équipages, et, cependant, il fallait qu'avant peu on parlât d'elle, et beaucoup. Le moyen le plus économique qui frappât son esprit fut de se signaler par une rouerie bien éclatante et bien pompeuse, dont la noirceur annonçât un caractère, ferme, astucieux, fortement dessiné. Et pour cela il lui fallait, du même coup, abîmer un homme et déshonorer une femme, au moyen d'un scandale abominable.

« La parfaite créature, dans cette occurrence, songea à moi. Je venais de paraître dans le monde; je poursuivais mes débuts, je n'avais eu que deux duels, et on n'avait enfermé dans un couvent que trois demoiselles bien nées; mes dettes n'étaient pas énormes, et pourtant j'étais cité comme joli garçon, amoureux à la manière d'un volcan, et surtout mauvaise tête. Je lui convins.

La voilà se jetant entre la céleste vicomtesse et moi. D'honneur, je demeurai trois semaines au moins sans trop comprendre ce qu'elle me voulait; je ne sais même combien de temps aurait duré mon ignorance, lorsque mon meilleur ami prit la charge de m'ouvrir les yeux. Il me montra l'état des choses, la véhémence de la dame, sa bonne volonté, le jeu superbe qu'elle me faisait.

— « Eh! dis-je, cela est bel et bon, mais j'adore la divine Célénie (madame de Saint-Alpin), et dès lors.....

— « Je ne vois pas, répliqua froidement mon ami, ce que peut avoir de commun votre amour romanesque, avec la passade qu'on vous propose.

— « Mais une infidélité.....

— « De quelle année de collége êtes-vous ? me répliqua le tentateur, avec un superbe haussement d'épaule. Je me mis à rougir de ma simplesse; je réfléchis. Le point d'honneur s'en mêle, et, sans paraître moins empressé auprès de la vicomtesse, je me mets à rôder auprès de la Provençale sémillante. On m'accueille, m'encourage; une manière de rendez-vous m'est accordé, mais en plein air, et devant dix mille horribles bourgeois et bourgeoises, aux Tuileries, par une suave soirée de dimanche. C'était à se déshonorer que de paraître là, surtout au bras d'une Provençale, qui pis est; jolie sans doute, mais fagottée comme les Collots l'étaient à Marseille. J'étais furieux.

— « Madame, dis-je, vous me traînez sur un théâtre de supplice; si je suis vu de MM. Decourchamp et Armand de Rastignac, ils vont faire vivre pendant trois jours le faubourg Saint-Germain à mes dépens.

— « Et pourquoi cela, M. le vicomte ? Ici viennent les gens du *bon ton*.

— « Oui, Madame, un mardi, vendredi peut-être, mais un dimanche....

— « Quand on m'aime, on ne doit voir que moi.

— « Aussi, je vous jure que je suis tout yeux pour ces figures hétéroclites qui nous assiégent. Tenez, Madame, en voilà deux qui prennent le dessin de la coupe de votre robe.

— « En vérité, Monsieur ; hé bien, cela prouve leur bon goût. Je l'ai fait faire l'été dernier, à Toulon, chez la Francesco, bonne ouvrière, qui vient à la journée, nourrie et trente-cinq sous. C'est cher, mais elle habille ! et ces dames, dites-vous....

— « Vont imposer à tout le carré Saint-Martin la mode fraîche de onze mois, et inventée au bord de la Méditerranée... Oh! les Parisiennes... les honnêtes, les simples femmes, elles sont capables de tout. »

La conversation s'engage; je formule des demandes exorbitantes. On ne dit ni oui ni non; je pousse, presse, me plains, je me mets en plein incendie, et la fine mouche, lorsqu'elle me voit aussi loin conduit :

— « Écoutez, Monsieur de L...., me dit-elle, je suis une créature simple, naïve, crédule, sans fiel, capable de m'attacher, et cela pour la vie; dois-je me livrer au penchant qui me mène vers vous, lorsque je vous sais un autre amour dans la tête et dans le cœur, sans doute?

— « Ni dans l'une ni dans l'autre, m'écriai-je; vous seule me charmez : c'est pour vous que je veux vivre.

— « Du moins, ne nierez-vous pas que naguère encore la vicomtesse de Saint-Alpin recevait vos hommages.

— « Hélas! c'est de l'histoire ancienne, je vous jure...

— « Soit! dès lors ne vous étonnez pas si je suis curieuse des manuscrits de ce temps et des reliques de cette époque.

— « Vous exigeriez?....

— « Oh! rien; seulement si vous voulez que je sois à vous, veuillez me remettre les billets doux et les cheveux de la vicomtesse, gage de son attachement. Vous les possédez, je les demande : c'est là mon ultimatum.

— « Quoi! Madame, et la délicatesse..... »

« La discussion s'engage; la malignité aveugle cette femme au point de lui faire admettre que j'aurai l'indigne bassesse de trahir ce que j'ai de plus cher et de me déshonorer à mes propres yeux, aux siens et à tous ceux de mes égaux; car est-il acte plus infâme que l'abandon de ces gages sacrés. Il est convenu que la prochaine entrevue, remise à deux jours, temps nécessaire pour que j'aille à ma terre, auprès de Versailles, où, par prudence, j'ai caché ces monumens de la faiblesse d'une femme charmante.

« Je ramène la Provençale à son hôtel garni, et me voilà cheminant avec lenteur dans les rues et examinant attentivement la nuance des cheveux de chaque nymphe nocturne qui m'agace de son amour infect. Une, enfin, me semble approcher par la couleur de sa chevelure de celle de la vicomtesse; je me laisse arrêter par celle-ci..

— « Ma petite, dis-je, le bonheur est-il cher avec toi?

— « Oh! non, bel ange; quarante sous

pour madame, dix pour la bonne, et à ta générosité pour moi.

— « Sais-tu écrire?

— « Oui, et lire.

— « Diable! et peut-être l'orthographe?

— « Oui, quand on me la dicte.

— « Pourrais-tu me donner deux jours de ton temps?

— « Hé! seigneur, toute ma vie.

— « Ce serait beaucoup trop. Écoute bien, je t'emmène à quatre lieues de Paris, je te loge, te chausse, te nourris, t'éclaire, te porte. Bref, je te défraie de tout et, en plus, je remettrai à madame cinquante francs par vingt-quatre heures et autant pour toi, plus un chapeau et un châle à discrétion...

— « Et quel défaut cachez-vous? me dit avec effroi la pauvre créature.

— « Je ne sais; mais ton seul emploi sera, pendant ces deux jours, d'écrire, sous ma dictée, dix à douze lettres ou billets du matin... »

« Mon offre est acceptée; nous partons. Athalie, plus *éduquée* que je le soupçonnais, remplit mes intentions ; elle griffonne passablement des déclarations, protestations, reproches, ruptures, rapatriages, bref, le protocole amoureux. Je remplis fidèlement mes promesses ; et, de plus, un gros Génevois, mon groom, s'imaginant faire une spéculation productive, épouse, en face de l'Église, la fille des rues, qui, trompant les calculs de son époux, est devenue honnête femme... Ainsi va le monde !.. Ce couple, aujourd'hui établi à ma porte, y certifie de ma probité à remplir mes engagemens.

« Quant à moi, muni d'une tresse brune d'Athalie, de sa correspondance sous le nom de ma douce vicomtesse, j'arrive à l'hôtel garni de madame d'Aubuisson ; je fais la remise du gage atroce et j'obtiens ce que je dois posséder à jamais : l'estime et l'affection de la Provençale. Mais à peine, me suis-je retiré, qu'au bout de cinq à six heures madame de Saint-Alpin reçoit un message ainsi conçu :

« Madame, vous méritez un plus digne amant
« que le vicomte de L...., il vous a sacrifiée à l'es-
« pérance... Je vous renvoie vos cheveux et
« toutes vos lettres, moins deux que je garde
« en cas de besoin.

« J'ai l'honneur d'être, Madame, votre
« très-obéissante servante,

« Ambroisine d'Aubuisson,
« née de la Centondière. »

« Qui fut surprise? qui jeta sa langue aux chiens, selon le proverbe : ce fut la vicomtesse. On lui parlait de ses lettres, de sa dépouille, et on lui envoyait des cheveux autres que les siens et une écriture qui n'était pas la sienne... Pour voir clair dans ceci, elle m'appelle ; j'arrive :

— « Qu'est-ce ?

— « Je l'ignore.

— « Ne conjecturez-vous pas?

— « Non ; je vois bien un projet de malice, si plat, si bête... Je m'y perds.

— « Et moi aussi. »

— « Je vous quitte, dis-je; il faut que je coure Paris, que je m'informe, peut-être j'apprendrai....

— « Ah! par grace, ne faites pas de folies, méprisez cette indignité.

— « Je vous jure que je la verrai avec l'horreur qu'elle mérite. »

« J'avais besoin d'être seul, je l'avoue; l'excès de cette méchanceté hideuse m'indignait. Celle qui l'avait commise vivait en dehors de la société de la vicomtesse; je savais pourtant où la trouver. Nous avions alors une marquise de Livry qui, rue Saint-Honoré, recevait un fouillis nombreux, un pêle-mêle effrayant; la frime des jeux payait les dépenses de cette maison où l'on jouait en habit de masque : c'était une représentation vivante des coupegorges de *bon ton*, comme dit le mauvais ton de l'ancien régime.

« Là, abordaient, de toutes les portions de la France, les femmes de qualité qui venaient à Paris dans le dessein de trafiquer de leurs charmes. Madame d'Aubuisson avait été présentée à la marquise de Livry par un trio bien connu des demi-castors de *la capitale* : la marquise de Boulainvilliers, la vicomtesse de Fars et la baronne de Viennay, trois honorables qui, après avoir rôti le balai pour leur compte, s'intéressaient aux nouvelles débarquées.

« Ma prévision ne me fit faute; je vis madame d'Aubuisson auprès d'une dame Christophe de Miromesnil, jeune femme gracieuse, aimante, malheureuse; de mesdames de l'Hôpital, de Birague, de Roland; car, je le répète, la bonne compagnie ne fuyait pas, malheureusement, les salons de madame de Livry, auxquels on ne reprochait que l'excès du jeu et la facilité de l'admission. Deux ou trois jeunes personnes assistaient encore : une superbe Apollonie de R...., une céleste Yolande de R...., une angélique Adèle de Saint-Cl...., une Joséphine de P....; toutes instruites de mon seul amour et confondues de la nouvelle que ma maligne Provençale venait de leur apprendre, comme si elle l'eût appris par hasard.

« La joie de cette astucieuse et vindicative créature fut de courte durée. J'aperçois, ai-je dit, madame d'Aubuisson au milieu de cette gracieuse élite. Je vais à elle, et, saluant le groupe :

— « Je vous trouve à propos, Mesdames, et vous, Messieurs, ajoutai-je; car il y avait là le beau Léo de Lévis, Léon de Lamézan, Hippolyte de Boisville, Antoine de Haute-Cloque, Olivier du Rouret, etc.; je brûle de vous apprendre une rouerie et contre-rouerie qui a eu lieu ces jours-ci, et que je tiens de bonne source.

« Je continue et raconte mot à mot ce que je viens de tracer. Je mets le cercle dans la confidence de quelle manière je me suis procuré et missives et crinière ; j'insiste sur le prix dont on les a payées et j'achève en disant :

— « Et si, par cas la dame de province osait nier la vérité de mon récit, voilà, Messieurs, dis-je en remettant aux mains de cette folle jeunesse une belle boîte de cristal de roche qui laissait voir le dépôt que je lui avais confié, la preuve de mon assertion ; et je demande la visite de matrone qui constatera le coupé du taillis dans la forêt mystérieuse.

«Cette dernière phrase, dite en dehors de ces dames, mais bien entendue de la Provençale, dompta son audace. Un cri faible lui échappa ; elle s'évanouit tandis que le jeune de Boisville incendiait à une bougie voisine le contenu de la brillante boîte. Je me retirai, me demandant si je n'avais pas mis trop de dureté dans la vengeance ; mais aussi quelle fureur madame d'Aubuisson avait-elle mise dans l'injuste attaque. »

— « Vicomte, dis-je à M. de L.... lorsqu'il eut achevé, vous rappelez-vous, à propos de bonbonnière, ce monsieur qui avait mis sur la sienne, en guise de médaillon, un billet ordurier de sa maîtresse infidèle ?

— « Hé ! me répondit-il, n'est-ce pas le

même qui, emmuré dans une préfecture et ne sachant de quelle manière en sortir, mit bravement l'étincelle à un feu d'artifice préparé pour une Saint-Napoléon, au hasard d'incendier l'hôtel et la ville ensemble.

— « Non, celui-ci est un excellent royaliste, M. de Commines, qui a servi les Bourbons avec tant de zèle, qu'il n'a pu se refuser à continuer de servir la branche cadette jusqu'au jour de la retraite; c'est le courtisan de la prospérité. Le malheur, dans ses amis, lui est si insupportable, que le jour où il soupçonne qu'ils pourraient recourir à lui, il les abandonne. Mil huit cent trente ne l'a pas trouvé manquant à cette bienveillante maxime. »

VII.

Causerie à propos des superstitions communes avec le comte de Saint-Germain. — La famille d'un philosophe à la manière de Voltaire; histoire tragique et fantastique.

Je n'avais pas rencontré le comte de Saint-Germain depuis plusieurs jours; il n'était pas monté chez moi; sa porte m'avait été fermée. Il travaille, me disais-je; il emploie mieux son temps qu'à baguenauder à son aise; attendons qu'il revienne. Le lendemain, il entra chez moi vers minuit.

— « Oh! lui dis-je, vous arrivez en forme d'apparition.

Il était triste. Son visage naturellement riant me parut sombre.

—« Avez-vous reçu de mauvaises nouvelles? lui demandai-je.

Et lui me regardant fixement :

— « Prince! pourquoi les hommes aiment-ils, par préférence, la superstition que la religion? Pourquoi tel semble convaincu de la non existence d'un être souverain maître et rémunérateur de toutes choses, et ne doute aucunement de l'influence du vendredi, et d'un couteau posé en croix avec une fourchette. J'en ai vu pâlir au renversement d'une salière, au bris d'un miroir, à la rencontre d'un convoi, et qui rentraient au logis si une corneille, un crapaud, une couleuvre ou une vieille femme, avaient croisé leur chemin.

— « Oui, comte, répliquai-je, telle est la

propension de notre misérable cervelle, si folle, si forte, si faible, si puissante. Newton et Pascal, l'un croyant aux esprits, l'autre voyant à ses pieds un abîme, et pourtant, l'un et l'autre, quels effrayans génies.

— « Ah! oui, deux êtres au dessus de leurs semblables. Et votre Bossuet, et Catinat, et Napoléon? Hé bien! au fond de tout cela, puérilités, sottises, extravagances.

— « Mais, en vérité, dis-je à mon tour, je m'avise, comte, qu'il vous convient de tirer sur vos propres troupes.

— « Remarquez, prince, repartit finement l'habile thaumaturge, que deux choses seules m'étonnent : le doute pour ce qui est plausible, la foi pour ce qui ne peut être. Si la majeure n'est pas jointe à l'existence de Dieu, comment établirez-vous le fait du vendredi, de la glace en éclats, des lutins et du reste; admettez l'un et les autres, ou bien rayez tout ce qui est du ressort de l'intelligence. Attendez que la baleine, que l'éléphant, même voire le singe, inventent la machine électrique, la vapeur, la pile de Volta, les chemins de fer, les mille mécaniques de nos industries. Attendez, dis-je, ceci, vous attendrez long-temps. Quoi! l'homme, si sublime, sera si vil à la fois. Celui qui suit dans les airs les périodes astronomiques, qui soumet les astres aux rigueurs de son calcul, n'est pas autrement construit que le loir, la dorade ou l'outarde. Vous en avez menti, philosophes impies! misérables, saturés de lâcheté et d'orgueil, vous niez ce que vous ne pouvez comprendre. Niez donc les fluides éthérés, les mystères variés de la reproduction des êtres, les idées innées; en un mot, tout ce qui, nous élevant au dessus de la brute, porte en nous le cachet d'une intelligence supérieure et divine. Au reste, poursuivit, rempli de chaleur et d'enthousiasme, cet homme que j'avais tant de plaisir à écouter, ce que je viens de voir depuis quelque temps me convertirait à tous les prodiges de notre religion, si par cas j'avais le malheur d'être incrédule.

— « Quoi donc avez-vous? demandai-je, peut-être témérairement.

— « Écoutez, dit-il, puis doutez; vous frémirez, du moins, et ce sera le prix que je retirerai de ma peine.

— « Au commencement de la révolution (je remonte haut), c'était en 1790, existait à Toulouse une famille du nom de J...; c'étaient des ouvriers à leur aise, travailleurs, rangés, économes, religieux. Un d'entre eux, le second fils, s'avisa de vouloir être savant, et, bien avant l'époque précitée, il avait cherché la science, non dans les bons livres, mais dans les écrits philosophiques du temps.

«La lecture des œuvres impies de Voltaire, Holbach, Helvétius, Rousseau, Diderot, et *ejusdem farinæ*, tardèrent peu à le pervertir; il devint athée. Que vous dirai-je? ses mœurs se corrompirent en même temps que sa foi; on ne peut perdre celle-ci sans fort exposer celle-là. L'honnête homme croit, ou du moins cache son doute; le méchant, le fourbe, seuls, affichent de coupables sentimens.

«Jul... junior se maria; sa femme, prise dans la classe ouvrière, était sage et dévote; il se mit à extirper tout bon sentiment de son cœur, à en faire une créature suivant les lumières de la religion naturelle. Il en advint qu'au second enfant venu dans leur ménage, elle affecta une impudicité arrogante, qu'elle aida au déshonneur et à la ruine de son époux.

« Ce misérable, poursuivi par le chagrin, la misère, le remords, au lieu de rechercher ces consolations que Dieu accorde à qui les lui demande, alla implorer l'aide du crime. Un suicide lui fut conseillé, et lui, esprit fort, en se donnant la mort, laissa les siens dans le désespoir, ses créanciers frustrés de ce qu'ils avaient avancé, et qu'aurait récupérés une persistance à l'ouvrage.

« Sa femme resta veuve, déshonorée, avec quatre garçons. Les deux premiers imbus déjà, quoique jeunes, des principes paternels; les deux autres, grace à leurs parrains, choisis parmi les frères de leur père, et qui les avaient élevés dès leur bas âge, comprirent l'avantage d'une conduite vertueuse ; ils persistèrent dans la bonne voie : l'un même entra dans les ordres sacrés, et devint excellent prêtre ; l'autre, encouragé par de sages et libéraux protecteurs, se livra à l'étude des lois, acquit de la réputation, et fut avocat célèbre dans sa ville natale.

« Tout ceci, dis-je, avait eu lieu antérieurement à 1790; la femme Jul..., morte de débauche et de faim, n'existait plus depuis long-temps. Je ne parlerai pas de l'aîné de ses fils; il y a des êtres dont le nom, quand on le prononce, est une souillure au demeurant. Celui-là, hypocrite outre tartufe, afficha pendant sa vie, car je le tiens pour mort, des prétentions à la sévère morale. Il se fit pédagogue de sagesse, de modération surtout; lui qui d'abord... Chut! j'ai promis de me taire ; je serai fidèle à mon engagement : un mot de plus, et tout le monde nommerait le grand coupable.

« C'est du second que je veux vous entretenir. Charles Jul..., ayant grandi, se montra aux Toulousains au nombre de ces jeunes gens sans vertu, sans mérite, qui, satisfaits de leur charmante figure, de la grace de leur corps, se posent *en beaux*, et passent leur vie à se faire adorer par des femmes de réputation équivoque, et par des grisettes, dont ils ont grand soin de faire d'imposantes dames de qualité.

« Charles, habile dans tous les exercices de corps, proclamé par le célèbre Platte, son meilleur élève, attachait sur lui les regards de tous les débauchés de la ville. Proclamé leur chef, il les avait enrégimentés; presque chacun ayant un nom de guerre, et tous communiquant par un cri et des gestes convenus. Cette association, indifférente en principe, mais non innocente, cachait des plaisirs déshonnêtes, des rendez-vous de jeux et de divertissemens inconvenans. Plus tard, ce fut pire, ce qui arrive toujours : une société nombreuse fait croire à de la force, à de la puissance, et pousse dès lors à des excès dangereux.

« Charles Jul..., s'il gagnait en crédit parmi les camarades, perdait dans Toulouse toute considération auprès de ceux qui sont investis du pouvoir de verser à leur gré l'éloge ou le blâme sur les jeunes gens à leur début. Aucune maison honnête n'eût ouvert ses portes à Charles Jul..., à tel point il avait une mauvaise réputation. Deux histoires désagréables, peu connues dans leurs détails, exagérées sans doute, n'en étaient pas moins mises en circulation, répétées avec mystère, en secret, même ; dans l'une il s'agissait d'une somme qu'on lui aurait volée, à l'entendre, et un étranger, au contraire, prétendait que cet argent, par lui confié à Charles, aurait été soustrait par celui qui, pour se disculper, accusait autrui. On ne nommait pas le voyageur, on variait sur la quotité de la somme, mais la fraude existait toujours. La seconde reposait sur la disparition d'une fourchette d'argent, qui serait d'elle-même tombée, d'après le dire du jeune Jul...., dans l'ouverture de sa botte, large, selon la mode du temps ; la distraction de Charles ne lui aurait pas laissé sentir le léger choc de la pièce d'argenterie. Aussi, comme la chose était possible, le traiteur qui donnait à manger n'alla pas plus loin; il tint pour bon l'excuse; néanmoins, elle parut moins naturelle que si elle fût sortie de la bouche d'un homme à l'abri de tout soupçon.

« Ces diverses rumeurs enveloppaient d'une atmosphère désagréable la réputation de cet aventurier; les ouvriers rangés s'écartaient de lui ; les petits bourgeois affectaient à son encontre un dédain marqué ; tandis que les fils des bonnes familles de la ville accueillaient affectueusement son puîné et leur frère l'abbé.

« C'était avec dépit, avec rage même, que Charles souffrait cette exclusion si bien justifiée par sa conduite. Il sortait seul souvent; lorsque la nuit était venue, il errait dans les divers quartiers, et, par trois fois, on déposa, devant le commissaire de police Ithey que *des voleurs* avaient attaqué, saisi et dépouillé des voyageurs isolés. On remarque le soin qu'avait cette bande à ne jamais se prendre à ceux de la ville. Cette prudence donnait fort à penser. Elle faisait conjecturer que les brigands appartenaient tous à Toulouse même.

« Le jeune Jul..., une nuit du mois de novembre, errait, selon son usage, dans le quartier très-dangereux des Cordeliers et des Pénitens-Gris, lorsqu'à quelque distance il entendit une voix plaintive et douce : c'était une femme qui se débattait contre deux hommes qui, lui ayant enlevé sa croix d'or et la chaîne de Venise qui l'attachait à son cou, voulaient encore ses anneaux, au risque de déchirer les oreilles. Charles ne put laisser consommer ce dernier coup; et lui, poussant de vives clameurs, afin d'éveiller la crainte au cœur de ces misérables, courut vers eux, frappant le pavé de sa canne.

« A la première rumeur, ces lâches s'enfuirent; leur victime fut délivrée. L'effroi alors la reprenant avec plus de force, elle tomba ayant perdu l'usage de ses sens. Charles, la prenant dans ses bras, la conduisit ainsi jusqu'à la rue des Tours, où des boutiques de boulangers et d'épiciers étaient tardivement fermées, ou plutôt hâtivement ouvertes, car il était près de trois heures du matin. Il entra dans une; et, à force de soins, la jeune et belle personne revint à elle. Ses yeux vifs et brillans, dès qu'ils reprirent leurs exercices ordinaires, s'attachèrent sur son libérateur. Leur examen lui fut trop favorable.

« Elle conta que, fille d'un employé supérieur de manufacture, elle rentrait chez elle, sortant d'auprès d'une de ses amies dangereusement malade; que, dans ce trajet de cinq à six maisons au plus, il ne lui avait pas paru nécessaire pour accepter l'offre qu'on lui avait fait de l'accompagner. A peine eut-elle mis le pied dans la rue, que deux mauvais bandits ayant apparu, elle, au lieu de reculer, s'était mise à courir vers sa maison; mais comme elle tournait un coin, on l'avait atteinte et saisie. Charles, comme on le sait, était survenu heureusement pour la sauver.

« Ce fut lui qui, de concours avec une femme âgée et un fort garçon boulanger, forma la nouvelle escorte de mademoiselle Thérèse Leblond. Il la trouva jolie. Le lendemain, il vint la revoir. Deux jours après il s'y présenta; cette fois il parla mariage. La douce fille était privée de sa mère; son père, toujours à sa manufacture, où il surveillait le travail des métiers et qu'il raccommodait au besoin, ne pouvait que s'en rapporter à sa fille pour ce qui regardait le ménage et la conduite de celle-ci; enfin, un frère unique, plus âgé de six ans, et marié à Nîmes, était lui aussi trop éloigné pour défendre sa bonne sœur.

« Adèle Leblond comptant trop ses propres forces, espérant un hymen qui lui semblait si convenable, s'abandonna aux promesses captieuses du perfide, le crut, se livra, et, dès ce moment, ne fut plus pour lui qu'une malheureuse pareille à tant d'infâmes dont il avait obtenu les tristes faveurs. Vainement lui rappela-t-elle ses sermens, ce qu'elle avait fait pour lui, Charles riait, revenait, car elle lui plaisait, et voyait avec indifférence le moment où la pauvre trompée mettrait au monde un être destiné à de longues infortunes, si Dieu n'avait hâte de le rappeler à lui.

«Dans son désespoir, Adèle avait avoué tout à M. Leblond. Celui-ci, rempli d'honneur et des plus nobles sentimens, eut une explication qu'il aurait voulu rendre agréable avec l'amant de sa fille; celui-ci, misérable débauché, loin de se rendre aux prières d'un père désolé, loin de le consoler par du repentir, se montra ce qu'il était, insolent, infâme libertin. C'en était trop : un geste de colère valut à ce pauvre vieillard un coup de couteau qui le fit tomber blessé mortellement.

« L'assassin était perdu; le mourant, rempli de tendresse paternelle, lui offrit le pardon, pourvu qu'il épousât Adèle. Il y consentit, si grande était son épouvante. M. Leblond eut le courage blâmable de s'accuser d'avoir lui-même attenté à ses jours, et de sa main défaillante bénit un mariage noué sous d'aussi tristes auspices, et expira le soir même des noces.

« A ce moment Charles se trouvait chez lui ; dans la chambre nuptiale, un de ses complices, celui-là précisément auquel, sans le savoir, il avait arraché Adèle, se trouvait avec lui en sa qualité de garçon de noce *(de donzel)* ; il était à la fenêtre, regardant si la mariée ne viendrait pas ; on savait qu'elle ne quitterait pas son père qu'après son décès. Tout à coup ce polisson tourne la tête, et, avec une émotion extrême :

— « Charles, dit-il, que se passe-t-il ? ton beau-père est guéri.

— « Que chantes-tu ?

— « La vérité ; car, au lieu de se faire porter à Clamard, le voici qui entre dans ta maison ; il vient à toi. »

« Charles, troublé malgré lui, se leva ; et, d'un ton de mauvaise humeur, gronda son complice de lui faire une aussi mauvaise plaisanterie... La porte s'ouvre, les deux bandits tressaillent. En effet, c'est le père Leblond qui se montre : il est pâle, have; un linceul l'enveloppe et laisse voir le sang coulant à flots de la blessure que Charles lui avait faite. Le fantôme va se placer devant celui-ci ; et, d'une voix sourde et saccadée :

— « Écoute, Charles, dit-il, ton père est damné ; il me charge de te l'apprendre. Songe à ta vie criminelle, à ma fin. Amende-toi. »

« Il disparaît. L'ami de Jul... s'était évanoui comme un lâche poltron, et, poursuivi par sa conscience, devint fou du résultat de cette apparition ; Charles voulut l'attribuer uniquement à une illusion des sens, naturelle, dans un jour aussi triste. La nouvelle épouse entra peu après, apportant les détails de la fin de son père ; il avait expiré en regrettant de ne pas voir son gendre à ce dernier instant.

— « Il voulait te parler Charles ! s'écria la jeune fille ; j'ai bien vu que quelque chose pesait à son cœur.

« Charles ne répondit rien, l'horreur le dominait dans ce moment. Il fut pendant quelque temps plus rangé. Sa femme accoucha; mais aussitôt après, il recommença son cours de malfaisance, abreuva cette infortunée de dégoûts, de mauvais traitemens; il finit par l'infecter du résultat de ses débauches, et, à force de la désespérer, il la réduisit à souhaiter la mort, ne tenant encore à la vie que par le fils, être faible et bien à plaindre, car il provenait d'un bien infâme sang.

« Adèle donc, tuée par son époux, alla rejoindre son père. Le jour de sa mort venu, deux ans après celle de Leblond, et au moment où elle était près de rendre l'ame, lorsque la connaissance déjà lui était enlevée, et que Charles, contraint par les convenances sociales, veillait auprès de l'infortunée, ne pouvant rien faire de complet, il avait osé amener avec lui une de ces créatures misérables, la honte de ces misérables, et qui effrontément portent le désordre dans les familles. Celle-ci, digne de sa caste, était venue triompher d'une femme dont elle se disait la rivale et qu'elle espérait remplacer; mais Adèle, expirante, échappait à ce dernier et affreux supplice.

« Ces deux êtres dépravés, sans plaindre la moribonde, sans s'occuper à lui rendre moins pénible ce terrible passage, buvaient le contenu d'une bouteille de vin de Villandrie, exquis par son corps, sa force et sa vieillesse. Tous deux, le verre à demi plein, le choquaient avec l'autre; ils regardaient la mourante comme pour la narguer, lorsqu'ils virent les rideaux du lit du côté de la ruelle s'entrebailler; une tête et la moitié d'un corps passèrent à travers; celui-ci, baigné de sang que produisait une large blessure.... Charles reconnut son beau-père. La femme coupable, ne comprenant rien à cette apparition, n'en était pas moins bouleversée.

— « Ma fille, dit le fantôme, viens, ton heure a sonné; tu seras avec moi, *lui* avec son père... avec son père, le damné! »

« Adèle poussa un long soupir : elle expirait.

Deux cris aigus répondirent au sien; deux cris si puissans d'énergie, qu'on s'en effraya dans la maison et dans le quartier. On accourut, et on trouva un cadavre, celui d'Adèle, et deux corps privés de sentimens et tout souillés du vin répandu de deux verres et d'une bouteille brisée.

« La femme de mauvaise vie avait, dans sa jeunesse, reçu de bons principes. Le prodige auquel elle avait assisté la porta à déplorer sa conduite; et, malgré les railleries de ses camarades, elle rentra dans le sentier étroit de la vertu. Alors on la vit conjurer Charles à suivre une meilleure vie; mais, lui, emporté par ses passions, persécuté par sa conscience, s'obstina à vivre selon le caprice de ses sens. Sa mauvaise réputation croissait de plus en plus, et, chaque année, à la nuit anniversaire de la mort de son beau-père et de son épouse, il les voyait tous les deux prendre place autour de son lit et se pencher sur le berceau du jeune fils qui, le lendemain, se félicitait d'avoir vu sa mère accompagnée d'un vieillard vénérable.

« Ceci aurait dû toucher cet homme coupable. Il persistait dans son impénitence finale. Contraint à sortir de Toulouse à cause de certains vols nocturnes dans lesquels, quoique sans preuve, la voix publique l'accusait, il fut se chercher un asile dans une des gorges reculées des Pyrénées. Là, accompagné de la sœur de son ex-maîtresse, que lui-même avait séduite après le retour à la vertu de celle-ci, il passait une triste existence.

«Une soirée d'hiver peu avancée, et où l'on pouvait voir encore, sans lumière, les objets divers, Charles, revenant de la chasse, crut voir, à l'un des coins de l'âtre, sa maîtresse, et à l'autre, un inconnu. Sa curiosité piquée, il avança vivement. Mais, surprise horrible! c'étaient Adèle et son père, Adèle pâle et sanglotante; M. Leblond, froid, calme, sévère, et néanmoins visiblement accablé. Tous les deux tenaient un long voile noir qu'ils étendaient en avant du feu.

«Charles, atterré, contempla ce spectacle effroyable. Il approcha néanmoins en affectant une contenance courageuse, et, s'adressant aux fantômes, leur demanda ce qu'ils avaient à faire à lui.

— «A toi, r pondit le père, rien... oui, rien! mais tu ne seras pas seul ici, et il y a d'autres victimes que nous avons à pleurer!

«A ces mots, une manière de brouillard enveloppa les deux spectres; et si en effet ils ne reparurent pas, néanmoins Charles s'imaginait voir leurs formes indécises se dessiner sur la muraille de la cheminée; aussi son effroi ne diminua pas de toute la soirée...

«Peu après, survint un des bandits, camarade de Charles.

— « Alerte! alerte! *le Couteau*, s'écria le nouveau venu!

— « *Le Couteau!* répondit Charles en tressaillant. (C'était son nom de guerre, et on ne le prononçait guère qu'au moment de tenter un mauvais coup.)

— « Oui, camarade! oui, j'amène un voyageur qui arrive d'Espagne ; il a un trésor de quadruples dans son sac de nuit, dans ses poches, dans les sacoches de son cheval. Le guide qu'il avait pris, étant des nôtres, l'avait remis aux mains de ce malheureux, afin qu'il l'égarât et l'entraînât dans la cabane de Charles, située si au loin des sentiers battus, qu'un meurtre à y commettre était facile.

«Charles, à cette nouvelle, alla se grimer ainsi que sa compagne, afin de changer d'aspect, de physionomie, et de n'être pas reconnus par l'étranger. Celui-ci parut peu après; il était fatigué, car il venait de faire une longue étape. Charles, à son entrée, aperçut visiblement les deux fantômes repousser cet infortuné hors de cette demeure inhospitalière.

— « Oh! que se passe-t-il en moi, dit l'étranger; on vient de me heurter?

— « Et qui, Monsieur? dit Charles troublé.

— « Je l'ignore, répondit-il; mais c'est bien singulier, mon cœur est ému.

— « C'est la lassitude, reprit Charles. On prépare le souper, vous l'attendrez peu; mais tout d'abord, acceptez un verre de ce Rivesalte, qui ne vous déplaira pas.

« Il prend un verre, l'emplit aux dépens d'une ample cruche, mais aussitôt il frissonne... C'est du sang, du sang noir... et liquide; il bout, il fume... C'est affreux, épouvantable; il s'en épouvante, et, pour que son hôte ne voie pas ce miracle, il fait semblant de trébucher, et ayant versé la moitié du gobelet, il s'en alla porter le reste qu'il jeta sur de la neige; aussitôt elle parut teinte de sang.

« Heureusement pour les criminels, ceci ne fut aperçu que de Charles; un second verre, ne présentant pas le même et dégoûtant aspect, il l'offrit à l'inconnu; celui-ci l'acceptant, le prit.

— « Je vous prends à témoins, camarades, dit le voyageur tenant à la main le verre non encore vide, qu'à mon entrée en France, en face de Dieu, des anges, des hommes et des diables, je renouvelle, libre, maître de mes volontés, ma promesse solennelle, de ne me reposer, de ne me coucher dans un lit composé de crin et de plume, qu'après avoir purgé la terre d'un abominable scélérat qui la souille depuis trop long-temps. »

A ce serment solennel, bizarre, et qui préparait à une catastrophe sanglante, Charles et son complice gardèrent un silence profond ; mais, en digne descendante d'Ève, la créature leur compagne, demanda incongrument à l'étranger à qui donc il en avait, et qui menaçait cet acte de vengeance rigoureuse.

— « Un monstre, ma bonne, lui fut-il répondu, un infâme qui, déjà chargé de méfaits, a poignardé l'auteur de ma naissance, et qui, après avoir épousé ma sœur, l'a fait mourir lentement par le supplice atroce et journalier d'une mauvaise et perpétuelle conduite désordonnée.

— « Comment l'appelez-vous? osa dire le maître du lieu.

— « Charles Jul..., c'est le fils d'un malhonnête homme, qui du moins a eu le courage de se faire justice, tandis que son fils, plus criminel... Je m'arrête... Figurez-vous qu'à Madrid, où je me trouvais pour affaires importantes, et à l'heure de midi, au moment de me mettre à table pour dîner, mon domestique vint me prévenir que deux personnes me demandaient; j'hésitais à les recevoir à cause du retard qu'ils allaient occasioner, lorsque ces étrangers, prenant l'initiative, pénètrent sans façon dans la chambre où je me trouvais. A leur aspect, je pousse un cri de surprise, je cours à eux les bras ouverts pour les embrasser; c'étaient des ombres vaines, celles de mon père et de ma sœur!

« Charles, à ces mots, jeta lui-même un cri d'épouvante, et mit son visage dans ses mains. Les deux autres auditeurs, bien qu'étonnés, ne manifestèrent pas une terreur égale; le voyageur, charmé peut-être de l'effet qu'il produisait, poursuivit :

— « Oui, c'étaient mes plus proches parens, venant à moi tristes et malheureux, souffrans, embarrassés! Mon père avait, d'un geste, renvoyé mon domestique; nous restions seuls; eux alors me parlent, m'apprennent leur sort déplorable : l'un a péri assassiné par un mauvais sujet; l'autre, et c'est ma sœur, a péri empoisonnée par les caresses de ce coupable, et par ses affreux traitemens. Tous deux, d'une voie mélancolique, et se disant contraints par un pouvoir supérieur, réclament de moi une vengeance qui leur est due.

« Ils disparaissent, et je demeure plongé dans une stupeur accablante. Certes, j'aurais dû me mettre en route sur-le-champ, c'était mon devoir; mais une passion fatale me retenait à Madrid. J'aimais éperduement une jeune personne douée de brillantes qualités; elle m'accordait un tendre retour, et néanmoins sa coquetterie sans borne m'effrayait; je craignais les effets de l'absence, et l'amour, cette fois encore, vainquit la piété filiale.

« Quelques mois s'écoulèrent, et je ne songeais point à m'éloigner. Pendant la nuit, je voyais souvent mes parens désolés, me conjurant de leur épargner le châtiment terrible que mon indifférence me réservait. Je fus insensible à leurs larmes, à la vue du sang fumant de mon père. Au bout d'un temps assez long, et comme on m'en avait averti, je fus trahi par ma maîtresse infidèle; jaloux et furieux, moi qui ne voulais pas venger mon père et ma sœur, je courus au châtiment de ma tendresse éphémère. Cette folle créature, mon indigne rival, tombèrent sous mes coups.

«Dès ce moment, les démons ne m'ont plus donné de repos; mes jours, mes nuits, leur ont appartenu; ils me poursuivent sans aucune relâche. Je les vois à toute heure; et ici même, à l'instant que je vous parle, ils sont ici avec nous; oui, ici, dans cette chambre; là, de chaque côté de cet âtre.»

« A cette révélation épouvantable, l'ami de Charles et sa concubine se reculèrent en poussant des hurlemens d'effroi. Charles, qui lui-même jouissait de la fatale apparition, se taisait, pâle, glacé, et contemplant avec horreur ce qui se passait.

«Cependant on se calma; l'accès de noire vapeur de l'étranger termina son éblouissement; il fallut pour lui donner de l'air, ouvrir ses vêtemens, et ceci mit sous les yeux des deux bandits une portion de la richesse de cet homme; son immensité tenta plus que jamais Charles et son ami. Ceux-ci, avant le souper, sortirent, et lorsqu'ils se virent seuls :

— « C'est mon beau-frère, dit le premier.

— « Que t'importe! ne vient-il pas pour t'assassiner. Préviens-le, ou tu le redouteras toute ta vie. On ne sait où nous sommes maintenant, c'est vrai, mais qui t'assure que plus tard on ne saura pas qui nous sommes? »

Ces propos produisirent les effets que le scélérat en attendait. Lui se moquait des fantômes, parce qu'il ne les voyait pas. Charles, entraîné par son destin, acheva de se perdre; et fermant les yeux pour ne pas voir les spectres vengeurs, il aida son complice à égorger son beau-frère.

« Depuis lors, et jusqu'aujourd'hui, aussitôt que Charles est seul, les trois ombres de ses victimes l'environnent et le poursuivent avec acharnement, en lui prédisant un supplice sans fin. »

VIII.

Mystère et apparition. — Du prince de Polignac, à propos d'esprits et non d'esprit. — Son portrait par un peintre qui sait en faire.— M. le comte de Peyronnet. — M. d'Haussez.— Le baron Capèle. — M. de Montbel enfin, comme portion de sa très-curieuse biographie.— Admirable combat de désintéressement entre un roi légitime banni et un ministre exilé, ou les deux niais.

J'avais laissé parler le comte tant qu'il lui avait plu; mais, lorsque je crus que le récit touchait à sa fin :

— « Quoi! lui dis-je, vous connaissez ce misérable fou ?

— « Pour misérable, je vous l'accorde; pour fou, rayez-le de vos papiers.

— « Quoi, ces spectres?...

— « Lui sont visibles chaque nuit.

— « C'est un cauchemar?

— « C'est la réalité.

— « Vous êtes, comte de Saint-Germain, vous êtes, vous aussi, un personnage bien extraordinaire, bien décevant; car enfin...

— « Allons, prince, vous voilà aussi retourné vers cette foule tristement incrédule, parc qu'elle ne voit ni ne comprend. Entreprendrez-vous franchement de nier tous les faits extraordinaires que l'on vous signalera. Prenez-garde, car je ne veux pas vous surprendre; que, si vous m'en accordez un seul, il y a chose gagnée pour ma cause, et que vous viendrez à moi.»

Ces paroles m'inquiétèrent. Je regrette d'être obligé de séparer mon estime de ma confiance, et ici c'était le cas. Était-il possible que ce Charles Jul..., homme âgé, car il doit avoir au moins soixante-dix-huit ans, trente-sept du siècle actuel, et quarante du dernier, et au moins ne divague pas; ne peut-il s'imaginer qu'il voit ce qui n'existe point.

Le comte se mit à sourire; puis prenant un air grave, et se tournant vers moi :

— « Prince, me dit-il, vous sentez-vous capable de me suivre chez cet homme, de voir, d'écouter et de vous taire. Le silence est surtout la vertu noble qui vous est particulièrement recommandée; si vous l'êtes, vous y entrerez, incrédule, peut-être; mais certainement vous en sortirez convaincu de ma franchise et de ma véracité. »

L'assurance que mit le comte de Saint-Germain à prononcer ces mots m'étonna. Je me reculai, et, prenant à mon tour la parole:

— « Permettez-moi, dis-je, de ne pas m'engager sur-le-champ; la chose mérite qu'on réfléchisse; car, si vous me procurez de nouvelles lumières, si je suis contraint à m'abandonner à une nouvelle croyance, alors il me faudra brûler ce que j'ai vu jusqu'à ce jour. Patientons donc. Aussi bien, avant tout, vous me devez une histoire qui, probablement, se rapportera avec celle-ci, et que ma curiosité regrette de ne savoir qu'à moitié : celle de votre ami le vicomte de Valiec .

— « En effet, répliqua le comte avec moins de cérémonie et presque en riant, je vous suis redevable de la fin de cette histoire lamentable, mais je vous la garderai ; aujourd'hui, ce serait vous plonger par trop dans de tristes idées. Je la garde à la huitaine, époque à laquelle je vous ajourne pour savoir s'il vous plaît de persister dans une incrédulité ignorante, ou si vous préférez une lumière qui vous procurera de célestes clartés. D'ailleurs, j'ai aujourd'hui d'autres choses moins importantes à vous communiquer.

— « Qu'est-ce? demandai-je, déjà pressé de connaître ce nouvel incident.

— « Je veux vous parler de quelques ministres de Charles X. Vous ne les avez connus qu'imparfaitement, et, malgré le peu de durée de leur ministère, la haute révolution qu'ils ont provoquée et laissé consommer acheva de les rendre intéressans. Souvenez-vous que je vous ai promis depuis long-temps ; je tiens à me revancher avec vous, et j'y parviendrai en vous montrant sous un jour particulier ceux que la partialité ou la calomnie jugent depuis six ans.

Le prince de Polignac est un honnête homme des pieds à la tête. Il est à la fois pieux et galant ; il aime, comme au temps de la chevalerie, Dieu, le roi, les dames ; il va de sa chapelle à son cabinet, de celui-ci à son boudoir. Généreux, élégant, capable des plus nobles actions, étranger à toute vile spéculation humaine, il ne veut de l'argent que pour le répandre ; il ne le donnerait pas s'il en savait l'origine souillée.

Mais il n'est ni diplomate, ni guerrier, ni administrateur. Jamais le génie n'a brillé en éclair dans ses yeux, n'a fait battre son cœur froid, indifférent. Là où il faudrait de l'héroïsme, rempli de l'abnégation à la Louis XVI, dont, selon certains, il serait le neveu mystérieux, il a traversé la révolution sans la comprendre, et l'empire sans le voir. Il marche au milieu de la restauration, inquiet de ce qu'elle va sans qu'il la dirige; car M. de Polignac, dans son étroite cervelle, s'imagine qu'à lui seul est réservé de faire aller, en rétrogradant jusqu'à saint Louis, le roi actuel de France, sur le trône de ses ancêtres. C'est la médiocrité entée sur la suffisance; c'est l'ignorance complète mariée avec un orgueil furieux. Comme il ne connaît rien de rien, il ne doute. Chaque difficulté s'aplanit devant son bon vouloir; car il est Polignac, et à ce titre, à cette grandeur, l'Europe doit s'incliner, la France doit se soumettre.

Non, jamais, à moins d'être ce monsieur lui-même, on ne comprendra la valeur, l'étendue, la force, l'énergie qu'il accorde au nom de Polignac; c'est, selon lui, un talisman impérieux, à qui tout cèdera, qui renversera les obstacles, aplanira les difficultés, comblera les vallées, abaissera les montagnes, et n'allez pas croire qu'aujourd'hui il en doute moins qu'avant la dernière catastrophe. Celle-ci ne l'a pas éclairé; il s'imagine avoir été vaincu par Dieu même et non par son impéritie; i ne peut cesser d'avoir foi en soi. Nulle circonstance ne l'éclairera, et si, par une fatalité qui ne peut renaître, on lui offrait encore l'exercice du pouvoir, lui, au lieu de s'en reculer en disant *meâ culpâ*, l'accepterait intrépidement promettrait des merveilles, recommencerait ses séries d'extravagances, et une autre chute de la grande couronne ne le rendrait pas plus sage que celle du passé ne l'éclaira.

Ce sont les ennemis du comte de Peyronnet qui ont fait sa réputation; ils avaient certes bien bon envie de le perdre, et, pour y parvenir, ils ont fouillé, refouillé toute sa vie, ou cherché ses turpitudes, ses excès, ses torts, ses crimes, avec la lanterne de Diogène. Hé bien, qu'ont-ils trouvé? Que c'était un bel homme, bien vu des dames, connu à la salle d'armes, voilà tout, rien avec; et l'on a vécu uniquement là dessus. Mais de sa probité, de sa loyale fidélité, de son honneur, de son courage, de son dévouement, de sa capacité, nul ne les a contestés, nul n'a pu y mordre. Ces qualités brillantes, nombreuses, sont demeurées nettes et intactes; c'est qu'en effet il n'y avait de querellable que des folies de jeunesse, de ces imprudences communes à vous, à moi, à tous, qui ne souillent ni n'avilissent un homme. Celui-là, ferme, hardi, lucide, franc, vigoureux, dévoué, est royaliste à la vieille manière; le culte du roi est presque égal dans son ame à celui de Dieu; il chérit le roi comme, dans sa jeunesse, il adorait sa maîtresse; et vous avez vu avec quelle admirable constance il a immolé à ce roi sa conviction personnelle; car, enfin, il est temps de le dire, les funestes ordonnances qui ont tout perdu ont été imposées à sa majesté par un conseil secret de serviteurs zélés, mais sans lumières, qui se sont trompés, qui croyaient faire bien, et qui ont mal fait. Parmi ceux-ci, le prince de Polignac tenait la première place; tous ses collègues reçurent et acceptèrent par violence royale, quoi qu'ils en disent aujourd'hui, en héros qu'ils sont, les ordonnances sages, légales, conformes à toutes les lois du royaume, ressortant de l'omnipotence du roi, mais qu'il n'était pas à propos de promulguer et qu'il fallait au moins appuyer par un développement de forces imposantes.

Il n'en fut rien, comme on sait. L'ignorance des hommes, de M. de Polignac, la confiance de Charles X en l'amour de ses sujets, sa religion, en l'article 14 de la Charte, le poussèrent dans le piége où le maréchal Maison acheva de le faire tomber. Oh! postérité, postérité inexorable, sévère, que tu seras inflexible envers le capitaine qui a pris sur lui de tromper son roi; qui, dans une circonstance pareille, a emprunté le langage de Rœderer, au 10 août. Alors, aux deux époques, il fallait décider le roi à s'armer de l'épée de ses ancêtres, à le faire courir sur la révolte, afin qu'il lui passât sur le corps pour remonter sur le trône. Car, à Rambouillet, la nation n'avait point parlé encore; Charles X était roi : tout le prouve dans les actes qui depuis l'ont dépossédé. Qu'aujourd'hui les vainqueurs appellent le conseiller du monarque un grand citoyen, soit; mais les siècles à venir qualifieront autrement sa conduite.

M. de Peyronnet a subi l'épreuve du malheur. Certes il a montré ce qui était supérieur à l'infortune; qu'il pouvait braver tout ce qui fait ployer les autres hommes, tout ce qui les abaisse au dessous de leur niveau. Hé bien, il en est sorti pur, et l'objet de l'estime et du respect de ceux qui dispensent à juste titre la vénération et le respect. Les portes de la prison sont tombées devant lui, et lui n'a pas fléchi devant elle. Oh! comme une bassesse lui eût été profitable! comme on la sollicitait avec un mélange de dureté, de faiblesse! on la lui demandait afin de lui crier comme aux autres : *Dignus es intrare*. Mais lui, plus ferme que le roi, dédaigna les inspirations de la lâcheté, les prières de l'ambition, les désirs de l'avarice; enfin, victorieux dans ce combat terrible, il en est sorti rayonnant de gloire et digne de l'estime de l'univers.

Remarquez que ces caractères ne se trouvent qu'à la suite du royalisme ; que la révolte ne les présente jamais complets. Carnot, assurément, est ce que celle-ci peut offrir de plus recommandable, et pourtant il a tué son roi et signé les arrêts de mort émanés des comités féroces. Dans Peyronnet, rien de tel ; il pourrait encore répondre de tous ses actes, sans besoin de passer condamnation sur aucun. Le voilà maintenant, comme Cincinnatus, revenu à sa charrue ; elle lui sera honorable, et, dans quelque lieu de l'Europe où il porte ses pas, nous préjugeons tout à l'avance l'accueil qui lui sera fait.

M. d'Haussez a pris sa part de la responsabilité de ce cabinet malheureux, mais au fond il ne s'associait pas avec lui ; ce n'était pas un royaliste à notre manière ; il appartient à cette école doctrinaire qui perd la France. Il va au pouvoir sans convictions, mais dans son intérêt privé. Cette fois il est venu au mauvais moment : le pouvoir l'a entraîné dans sa chute, et il est tombé sans regretter autre chose que la belle place qu'il perdait. Elève voltairien, frondeur irréligieux, sans sympathie pour les arts chrétiens, il est facile de retrouver dans ses écrits, dans ses récits de voyage, cette philosophie pernicieuse, sèche, qui nous a tous perdus. Associé par hasard à notre cause sacrée, il s'en est emparé de lui-même, par son propre poids. Au demeurant, il a de l'esprit, de l'instruction, de l'habileté; il manque de couleur éclatante, tranchée de cette couleur royale qui resplendit si bien sur le front de tous ses autres collègues.

Le baron Capelle est pour moi le Saül de la révolte, qui, 1814 venu, se releva le Paul de la restauration. Royaliste de conviction, croyant avec foi, il employa au service des Bourbons tant de tuteurs, qu'on put lui croire du génie. Celui-là n'est pas doctrinaire, ne passerait pas de M. Decases à M. de Polignac; de celui-ci à Guizot, puis à Laffitte. Non; il a été de l'empereur des Français au roi de France, et il s'y est tenu. Lui aussi ne voulait pas des ordonnances; lui aussi les accepta par devoir, par entraînement. On peut compter sur lui; il a fait ses preuves; je sais ce qu'on lui a offert pour le ranger du parti du lieutenant général du royaume. Il a répondu que le roi majeur............ Je m'enchevêtre dans une phrase que je ne peux achever convenablement. Moi, étranger, j'ai mes convictions; je sais qui je peux croire roi de France; mais, en France, maintenant, nul ne doit voir roi légal que celui qui règne investi du droit qu'il tient du peuple et des chambres.

Je le répète, le baron Capelle a servi fidèlement; il gardera son opinion *quand même....* on le trouvera toujours au chemin de l'honneur et du dévouement.

Je ne connais assez ni M. de Chantelauze, ni M. Guernon de Ranville, pour en parler; aussi, n'en dirai-je rien. Je serai moins bref sur le compte de M. de Montbel, dont voici l'histoire. Fils d'un conseiller au parlement de Toulouse et d'une mère dont le père et le frère appartenaient à une même cour souveraine, il puisa dans ces deux familles ces vertus, ces qualités graves et fermes, apanage des anciens magistrats. La hache du bourreau ayant dévoré l'auteur de ses jours, il fut élevé par les soins de sa charmante mère, madame de Baron Montbel, femme de mérite, agréable, aimable, pieuse; cette royaliste possédait tout ce qui forme l'ensemble d'un noble caractère. Veuve très-jeune, et encore très-jolie, elle se refusa à de secondes noces, se dévouant uniquement à l'éducation de ses trois enfans, un garçon, Isidore de Baron Montbel, et deux filles, toutes les deux remarquables par leur esprit, leurs talens et leurs vertus.

M. de Montbel, sous l'égide de sa mère, de son respectable grand-père, M. de Raynal, conseiller au parlement de Toulouse, de ses deux oncles, MM. de Saint-Michel, et de Gauran, fit de solides et brillantes études, mérita l'admission à l'école Polytechnique, dont l'éloigna sa mauvaise santé, et mieux encore la faiblesse de sa vue. Habile dans les langues anciennes, il savait à cette époque l'italien et l'anglais; bon chimiste, très-habile dessinateur; il jouait assez bien du violon pour occuper la première place dans les concerts d'amateurs d'une ville où la musique est l'objet d'une étude particulière; il écrivait très-agréablement en prose, et composait de très-jolis vers de société, des chansons dont tout autre se serait fait une réputation. Sa modestie les négligea; mais ceux qui ont pu l'apprécier lui rendent la justice qu'il mérite; et le baron de Lamothe-Langon, son parent et son ami d'enfance, s'est toujours ri des imbéciles qui, en 1829 et 1830, taxaient d'ignorance ou de médiocrité un homme si éminemment supérieur.

M. de Monthel fut nommé conseiller-auditeur à la cour impériale de Toulouse. Dès ce moment, la gravité douce de ses formes, son intégrité, son énergie, sa piété modeste, attirèrent sur lui les regards de ses concitoyens. Rentré dans la vie privée, lors de son premier mariage [1], il était indépendant à la restauration; tous ses sentimens le portaient vers les Bourbons; ses concitoyens le demandèrent pour maire de Toulouse, et il montra les talens d'un administrateur et les sentimens d'un honnête homme. Dans ces fonctions, qu'il remplit gratuitement, tous n'ont pas fait comme lui. Appelé à la députation, il tarda peu à se faire connaître à la chambre; sa capacité, son éloquence, le portèrent à de nombreuses commissions. Le zèle, l'énergie avec lesquels il défendit son compatriote, parent et ami, M. de Villèle, le rendirent cher au roi, et déterminèrent son entrée au ministère. On le vit passer successivement du portefeuille de l'instruction publique à celui de l'intérieur,

[1] Il épousa la fille unique de M. d'Aspe, baron de Fourcis et président à mortier au parlement de Toulouse, et de mademoiselle de Grammont; celle-ci également d'une des premières familles de la province. Il a eu plusieurs enfans de ce mariage. Sa femme est morte de chagrin à la suite des événemens de 1830, laissant une famille inconsolable, et sa mère, modèle de vertu, d'esprit et de royalisme.

et puis aux finances ; toujours très à sa place, toujours animé des plus purs sentimens et surtout d'une probité inviolable. Je ne peux dire quels furent les sentimens et son opinion personnelle touchant les fameuses et fatales ordonnances ; ministre du roi, il tenta de les faire observer, il déploya la fermeté d'un noble caractère, lutta contre la révolte, ne cessant que lorsque, par la volonté universelle, il fallut lui obéir. Alors, cherchant dans la fuite un salut que lui déniait la générosité du vainqueur, il se réfugia dans une maison amie ; là, se dérobant à d'injustes poursuites, il attendit le jour où, libre de la malice de ses ennemis, il pût rejoindre sur la terre étrangère l'auguste famille à laquelle il s'était voué corps et biens.

Aux derniers instans de sa puissance, il ordonnança au profit du Trésor royal une somme de quatre cent mille francs, que le nouveau gouvernement se refusa à reconnaître. Le procès des ministres eut lieu, et les pairs, conservés, mirent à la charge de

M. de Monbel l'acquit de cet argent; il se trouva donc soudainement débiteur de quatre cent mille livres envers le Trésor national. Aussitôt, comme il était contumace, on saisit le revenu de ses fermes et terres.

Dès que Charles X eut été instruit de cet acte de violence, il envoya à son ancien ministre des lettres de change, pour le refaire de ce qu'on lui faisait perdre. M. de Montbel se refusa à accepter ce qui lui était dû si légitimement. Le roi, de son côté, ne voulut pas les reprendre, et les bons au porteur demeurèrent en balance entre les deux généreux débiteur et créancier.

Cependant cette belle conduite et des talens prouvés déterminèrent Charles X a investir de sa confiance M. de Montbel; il l'appela près de lui et le chargea de ses affaires. L'homme d'état toulousain venait de perdre sa femme; il inspirait par sa conduite et ses malheurs une telle pitié, que plus d'une ame sensible s'ouvrit à ses plaintes. Hélas! disait-il à un de ses amis : « J'étais seul, souffrant des maux du cœur et du corps, ne voyant autour de moi que quatre froides murailles. Je fréquentais, à cette triste époque, la maison de la comtesse Bathiany — on sait la grandeur de ce nom en Autriche — elle avait chez elle la fille de son frère, suprême comte du comitat de Somogh, jeune personne remarquablement jolie et même belle, et d'une bonté parfaite. Elle me témoigna beaucoup de confiance et d'amitié. Sans m'en apercevoir, je m'attachai à elle, sans songer à mon âge. Elle dut rejoindre ses proches. Je ne sais comment cela se fit, la comtesse Bathiany me dit : « Ma nièce vous plaît; elle vous trouve aimable ; ses goûts sont simples. Nous deviendrons votre famille, épousez-là.

— « Je me trouvai engagé.... Comme les filles hongroises, elle n'avait pas de fortune. J'écrivis au roi Charles X, et lui demandai de m'accorder une pension de quinze cents francs par an, pour me donner le moyen de vivre avec le peu qui m'était resté. Il me répondit qu'il m'en donnerait six mille, et que c'était peu relativement aux lettres de change de trois cent mille livres qu'il m'avait envoyées précédemment pour me dédommager de ce que j'avais perdu à son service, et que je m'étais obstiné à refuser.

« Passé le premier mouvement, je me trouvai humilié d'avoir demandé de l'argent à mon malheureux maître. Je perdis le sommeil ; je tombai dans un affreux délire : je me crus coupable d'un crime déshonorant ; j'eus une fièvre cérébrale, et je fus dans l'état le plus déplorable. La vue de mon excellente mère et de mes enfans ramena le calme dans mon ame. Leurs soins, leur tendresse, dont j'avais été si long-temps privé, me firent tant de bien. Ma femme vint nous joindre à Milan, où j'avais été au devant des miens. Pendant ma maladie, la famille royale avait gardé madame de Montbel avec une bonté parfaite ; on l'avait attachée à Mademoiselle.

« Je revins auprès du roi, à condition qu'il n'insisterait plus pour que je prisse cet argent dont la seule pensée m'avait été si funeste, car cet excellent prince voulait toujours que je me fisse payer les lettres de change de trois cent mille fr. qu'il m'avait envoyées, que j'avais refusées, et qui sont restées jusqu'à sa mort entre les mains du banquier ; alors seulement elles ont été remises aux héritiers. C'eût été un acte abominable que de toucher à cette somme, *car le roi n'avait pas de quoi fournir à la dépense de sa maison, sans prendre sur ses capitaux.*

« Depuis ce temps, je n'ai plus quitté la famille royale. Ce qui me semblait une folie (mon mariage), pour un homme de mon âge, est devenu pour moi une source de bénédictions. Ma femme est un ange de beauté, de raison ; tout le monde la chérit, et MADEMOISELLE surtout, dont elle est la compagne habituelle, parce que son âge, plus rapproché de celui de la princesse, amène plus de confiance et d'affection. Moi-même je donne à MADEMOISELLE trois heures de leçons de littérature, d'histoire, de géographie, de science. Elle est intelligente, spirituelle, aimable au delà de tout ce qu'on peut dire. Le reste du temps je l'emploie à des travaux dans l'intérêt de la famille royale, à écrire les mémoires de l'exil. Je passe une heure avec les princes au moment du déjeuner, à six heures on sert le dîner et nous restons réunis jusqu'à neuf heures.

« Telle est ma vie. Je remercie de bon cœur la Providence de tout ce qu'elle a fait pour moi. Sans la révolution, j'aurais vécu plus tranquille au milieu des miens, exempt des violens chagrins qui m'ont atteint ; mais, au milieu de ces tempêtes, j'ai trouvé de grandes consolations. Né dans une condition modeste, je me trouve devenu le commensal, l'ami, si je puis me servir de ce mot, de ces princes si illustres, et encore plus respectables par leurs vertus. Mon cœur ne s'en est pas enflé, car l'exil et le malheur m'ont fait connaître combien est grande la vanité des grandeurs. D'ailleurs quel sera notre avenir... Je me confie à la bonté de Dieu.... Dieu seul est grand ; c'est vers lui que nous devons tendre... Et la course de nos jours est plus qu'à demi faite.... »

Je n'ai pas voulu interrompre ni tronquer cette citation admirable, extraite d'une lettre de M. de Montbel à son vieil, sincère et fidèle ami. J'ai souhaité que toute la France pût admirer avec moi cette sublime générosité de sa majesté Charles X envers son serviteur dévoué, et la noble abnégation de celui-ci. Quel beau combat, où il s'agit non d'acquérir mais de refuser. D'une part on offre cent mille écus ; de l'autre, quoique pauvre, on ne veut pas en dépouiller le pauvre Trésor royal. Entendez-vous, Français, le descendant de saint Louis, d'Henri IV, qui a donné des royaumes, de belles seigneuries, de grasses terres à notre France, est à l'étranger, avec si peu de fortune, et au point que, s'il en retire trois cent mille francs, il ne lui restera rien? Certes, vous ne l'accuseriez pas d'avoir thésaurisé ; vous ne lui diriez pas qu'il a vendu, fait argent de tout, qu'il s'est assuré une poire pour la soif. Non! celui-là a tout abandonné aux malheureux, aux pauvres, aux orphelins, aux vieux guerriers. Dans cette maison, les fils, les filles, ont su donner ; aucun n'a spéculé sur les fonds publics, n'a augmenté son pécule, n'a été insensible au cri de l'infortune ; au contraire, les artistes, les militaires, les veuves, les ouvriers, tous ont eu leur part à ces sommes reçues d'une main et versées de l'autre. Les Bourbons ont été des fleuves toujours vidant leurs urnes et non des avares cherchant à acmuler des monts d'or.

Je voudrais que, parmi les doctrinaires, on me citât ceux qui ont refusé cent mille écus. Allons, présentez-vous au concours, MM. Cousin, Guizot, Thiers et compagnie, montrez-nous votre désintéressement et le vôtre MM. Mauguin, Mérilhou, Barthe, Persil ; dites-nous quelles sommes vous repoussâtes en 1830, lorsque le .... se montra si généreux envers les amis. Faites-nous voir combien, parmi vous, il y a eu de Montbel et de Charles X.

Français, voilà les hommes de cette restauration tant calomniés ! Ils servent aux dépens de leurs biens propres ; ils ont des enfans, ne sont pas riches, et refusent même cent mille écus, quinze cents francs de pension. Vous avez eu depuis 1830 des ministres entrés aux affaires sans posséder une obole. Hé bien, ceux-là ont aujourd'hui des palais, des terres, des meubles superbes, des rentes. Que de fois les trois cent mille francs ont passé dans leurs mains et s'y sont arrêtés, et maintenant ces hommes sans vergogne oseront insulter ces modèles de probité loyale. Ah! mes amis, criez-leur : Arrière misérables ! Gorgez-vous d'or, mais laissez aux autres l'honneur personnel et l'estime des nations.

IX.

Quelques bauges parisiennes. — La Souricière, l'hôtel d'Angleterre, rue Saint-Honoré. — L'homme qui meurt de faim, anecdote récente. — Le bandit à confesse par reconnaissance. — L'enfer sur terre ; horribles révélations. — Anecdote tragique qui vient du préfet de police.

Il y a dans Paris quelques antres infects, infâmes, où, en manière d'araignée adroite et active, la police attire, malgré eux, les bandits en nombre dans cette ville immense. Là viennent s'abattre les forçats libérés ou échappés à leurs fers, les filous qui manquent d'asile, les odieux souteneurs, les escrocs, les vils débauchés, ces êtres qui puent le crime et qui ne peuvent cacher, tant leur physionomie porte marque, la tache de leur ame. Quelques femmes dignes de leurs amans s'abattent dans ces sentines du vice; elles, plus horribles par l'infection de leur essence que par les odeurs dégoûtantes qui s'exhalent de leurs charmes fétides et gangrenés.

Là, on évite le jour, on ne recherche que les ténèbres; on frémit à la vue d'un visage inconnu; on voit dans tout survenu un ennemi ou une proie. Là, on médite le forfait au milieu des orgies vineuses; là, on blasphême. par manière de délassement. Jamais une clarté nette et brillante n'illumina ces horribles lieux; quelques lueurs enveloppées des épaisses vapeurs du tabac, des exhalaisons de tous ces êtres si échauffés, répandent de loin en loin une manière de lumière incertaine qui, sans être l'image du soleil, n'est pas non plus celle de la nuit. Là, on marche au hasard, au milieu d'une confusion furieuse, car on joue, on boit, on mange, on aime, on se querelle, on complote, on tue parfois : le couteau est l'arme familière des habitans de ces épouvantables maisons.

L'une a, pendant long-temps, porté le nom d'hôtel d'Angleterre. J'ignore comment on l'appelle aujourd'hui. Une autre plus célèbre, la *Souricière*, est ouverte dans l'enceinte des Halles; il y en a d'autres dispersées dans les quartiers populeux.

Le Palais-Royal est comme enceint de ces forts détachés de nouvelle espèce : il y en a dans la rue Grenelle-Saint-Honoré, dans la rue Saint-Honoré, dans celle de Pierre-Lescot, de la Bibliothèque, du Chantre, de Froidmanteau; déjà ils gagnent le haut bout et s'appuient sur le *cent-treize*. Ils achèveront la circonvallation.

La bonne compagnie ignore ces lieux, les scènes qui s'y passent, le profit que la police en retire. Les brigands, soit qu'ils préméditent un coup, soit qu'ils l'aient exécuté, rôdent, tournent autour des souricières et viennent enfin s'y abattre malgré eux. C'est là où, le lendemain d'un vol, d'un assassinat, se rendent les auteurs de la mauvaise action, ceux qui envieront de ne pas l'avoir accomplie et les mouches qui les décèleront ; tous ces misérables se mêlent, s'enchevêtrent, se racontent leurs méfaits, leurs turpitudes, se tâtent, se trompent, se vendent. Là, naissent des haines sans terme, des besoins de vengeance qui ne s'éteindront pas. Tous les esprits coupables s'excitent mutuellement, se poussent à des excès qui font frémir.

Ce seraient d'étranges annales que le récit de tout ce qui se serait passé pendant un siècle dans l'une des souricières de Paris. Je ne soupçonnais pas qu'il y eût à Paris de semblables cloaques, et je m'imaginais que les cabarets borgnes, les mauvais cafés des rues isolées étaient les plus bas degrés des points de réunion pour les classes inférieures; et, dégoûté de l'infection hideuse de ces maisons que j'entrevoyais en passant, mon cœur bondissait à la pensée que la nécessité me contraindrait un jour peut-être à me réfugier en de pareilles tabagies.

J'étais fatigué ; je sortais des Français après la fin de la première pièce. Ma course m'amena dans le jardin du Palais-Royal. Je vis un groupe de chaises auprès d'une table abandonnée; j'allai m'asseoir là, et presque aussitôt un jeune homme se laissa tomber plutôt qu'il ne se laissa choir sur un siége voisin. Un coup d'œil involontaire que je lui adressai me laissa remarquer une physionomie autrefois belle et gracieuse peut-être, mais maintenant fanée, tirée, et perdue par la réunion de tout ce qui dégrade et avilit l'homme; ce regard avait été fier, cette tournure élégante, ce rire spirituel : aujourd'hui, l'œil, la physionomie, la bouche peignaient l'astuce, la fourberie, la mauvaise foi : nuire au prochain, le perdre, le déprimer, voilà ce qui occupait, ce que pensait mon voisin.

Oh ! me dis-je, que dans cette ame il doit y avoir de turpitudes, d'imperfections; que la malice, la débauche, le crime même exercent là d'empire ; voyons, sondons la profondeur de cet abîme, mais ne nous flattons pas de nettoyer ces nouvelles étables d'Augias.

Le désir me vint donc de causer avec cet enfant perdu de la civilisation. Lui ne demandait pas mieux : il se flattait, en causant avec moi, de me surprendre, de me piller, que sais-je? Ces imaginations tournées au mal perpétuellement ne prennent de résolutions que décevantes; elles ne s'éveillent que pour endormir coupablement autrui. Je vis que ce gentilhomme, privé de ses rayons, comme a dit le secrétaire sublime de l'odieux Cromwell, se préparait à lancer sur moi son grapin. Je le prévins en allant avec franchise à l'abordage.

Entre deux individus qui, réciproquement, ont envie de s'interroger, la conversation tarde peu à s'ouvrir; mes gestes, l'expression de mes traits, mon demi-sourire, encouragèrent suffisamment le corsaire de terre. Il toussa deux ou trois fois, cracha autant, avança la main, alongea le cou, comme pour examiner l'état de l'atmosphère, et puis, débutant par la causerie banale, me dit qu'il craignait que la nuit ne fût pluvieuse.

— « Et pourquoi serait-elle plus humide que le jour?

— « Pourquoi? Monsieur, répliqua-t-il avec un aplomb parfait, parce qu'il me serait bon qu'elle fût chaude et sereine.

— « Monsieur va donc voyager?

— « Oui, errer dans les rues, m'asseoir sur un banc, me relever, faire un temps de course, puis choisir une autre place, aller, venir au hasard, en crainte des intempéries de la saison et du ramassis de la patrouille.

— « Ne serait-il pas plus convenable de passer le temps dans votre lit que de vous exposer à ces chances fâcheuses? »

Il crut ici m'avoir vaincu, c'est-à-dire m'avoir amené dans ses eaux en me contraignant, malgré sans doute ma bonne volonté, à ouïr le récit de sa vie aventureuse; il ignorait que ma phrase niaise m'avait été dictée par la fantaisie de le dépouiller à fond. Lui aussi se hâtant de reprendre la parole, et le faisant avec une expression sardonique:

— « Un lit, un lit, avez-vous dit? Vous qui croyez que coucher entre deux matelas soit chose si facile, savez-vous que depuis deux mois je ne me repose que sur de la paille; que je ne trouve d'autre asile que celui obtenu par la cruelle pitié des bienfaiteurs de hasard? Non, Monsieur, cette douceur m'est refusée. La pierre froide, la terre humide, la carrière acqueuse reçoivent seules mes membres endoloris; et, à ces privations affreuses, la faim y joint ses tortures désespérantes; depuis deux jours je n'ai pas mangé. »

Bien que je prisse pour mensonge l'aveu que me faisait ce misérable, je n'en éprouvai pas moins une douloureuse émotion; il me trompait sans doute, mais il pouvait me dire la vérité; et s'il me la disait.... Alors il me fut impossible de ne pas suspendre la conversation; je tirai de ma poche une pièce de blanche monnaie.

— « Allez! dis-je, allez au plus vite satisfaire ces premiers et impérieux besoins. Oh! vous avez brisé mon ame. »

Lui se mit à sourire, se leva pesamment. Je payai sa chaise en son absence. Je ne savais s'il reviendrait, si moi-même je ne me retirerais pas.... la curiosité me retenant, je m'arrêtai presque par vif désirs de le revoir.... Oh! le drôle, il n'avait garde de me rouer à la première vue; il prétendait pousser beaucoup plus loin son infernal stratagême. Je me livrais à des réflexions mélancoliques, lorsqu'il reparut. Il ne pouvait avoir été chez un restaurateur, vu le peu de temps qu'il avait mis à me quitter. Je le vis tenant à la main une flûte et une tablette de chocolat; il me montra l'une et l'autre.

— « J'ai, dit-il, l'expérience de ces sortes de positions; si je m'étais mis à manger gloutonnement, j'aurais perdu la vie par mon avidité. Je trouve peu de goût à ce bon pain, si bien je ne me hâte point; plus tard je reviendrai à la charge. Ah! que ne vous dois-je pas!

— « Mais grand et vigoureux que vous êtes, n'avez-vous donc jamais pu trouver du travail; car enfin vous êtes taillé de manière à être préféré à beaucoup ?

— « Oui, sans doute ; mais l'ouvrage est chose déplaisante ; je veux vivre sans rien faire, les bras croisés. Les dupes, comme vous, les poltrons, il y en a tant, les femmes folles, sont nos pourvoyeurs et nos pourvoyantes. Nous sommes dans Paris dix mille beaux fils incapables d'aucun exercice pénible, d'aucune vertu, de la moindre œuvre d'honnête homme; boire au cabaret, fumer la pipe en nous levant, à midi. Le soir venu, à l'heure du coucher, en un mot, sans relâche, est une vraie jouissance. Non, vous autres gens du monde et de stupide civilisation, ne pouvez concevoir le charme du *far niente*, le bonheur de se coucher accablé de la lassitude, de la paresse, de la nonchalance, et là, une pipe à la bouche, aspirer lentement des gorgées de fumée, en attendant un sommeil prompt ou lent, et qui vient toujours. Souvent on met le feu aux lit, meubles, à la chambre; qu'importe, d'autres viendront pour l'éteindre et nous remercieront encore du service qu'ils nous ont rendu.

— « Et Dieu! dis-je stupéfait de ces paroles étranges.

— « Dieu!... A voir ceux qui me pourchassent légalement, je ne puis m'imaginer que Dieu existe; s'il était au ciel, la terre en serait autrement gouvernée.

— « Vous ne redoutez pas au moins les hommes.

— « Ceux-ci, à la bonne heure, ils nous égalent en méchanceté. Les loups entre eux se dévorent rarement : ils m'ont épargné jusqu'ici ; à charge de revanche peut-être. Si plus tard ils se lassent de leur patience, si leur glaive tombe tout-à-fait sur moi, dans ce cas je m'envelopperai de ma nonchalance, je les laisserai faire, et, selon qu'ils voudront, je descendrai le fleuve de la vie.

— « Vous m'épouvantez horriblement,

dis-je. Quoi! ce sont là vos maximes, vos coutumes, vos lois, vos tableaux.

— « Ta, ta, ta, ta, que me chantez-vous? je ne connais ni A ni B, ne sais ni lire ni écrire; ma jolie figure me fait passer pour un petit fils d'émigré. Je vais souvent aux divers théâtres; je me modèle sur les acteurs élégans, sur les jeunes gens bien nés qui remplissent les balcons, les loges, orchestres; j'imite leurs gestes, leur parure, leurs mines; je retiens leurs doucereux propos; un barbier de mes amis soigne mon heureux physique; je suis beau, un des beaux. Hé bien, un de ces quatre soirs, nous avons soupé, vous et moi, chez une femme de qualité qui reçoit un monde fou et où se réunissent les hommes gracieux, aimables, aux belles manières... Ah! Monsieur, cette existence est délicieuse. »

Il m'indignait et me divertissait à la fois. Il se mit à faire claquer ses doigts, à se donner des airs penchés, singer les nôtres; il pourrait tromper facilement les dames du commerce et de la petite bourgeoisie, qui, n'ayant pas de point de comparaison, pouvaient le prendre pour un de nous; mais son succès ne monterait pas plus haut. Son imagination était stérile, ses graces affectées : je l'aurais deviné au premier coup d'œil. Lui, à qui le cas de comparaison manquait pour cette similitude, se figurait tout pareil à nous, le malheureux! C'était Satan imitant les anges de lumière. Il était lancé, et reprenant son babil :

— « Ces représentations, dit-il, sont nos beaux jours. Il y en a d'amers parmi ceux de notre existence. Souvent, à la sortie d'un brillant hôtel de la Chaussée-d'Antin, il y a contrainte à aller habiter la Souricière et ses abominables dépendances : ce sont les antichambres de l'enfer, je vous assure. Vous n'en avez aucune idée, n'est-ce pas?

— « La Souricière, me dis-je à moi-même, comme si je me fusse parlé; qu'est-ce que cela peut être?

— « Je vous le répète, l'infâme sur l'infâme. On n'y entre qu'en frissonnant; on n'en sort qu'avec *le mal au cœur du comte de*

Montalivet. Que ne vous passez-vous une nuit cette fantaisie; elle a son piquant comme tant d'autres choses. Êtes-vous descendu au bal des Aveugles?

— « Oui, dis-je en baissant la voix, j'étais bien jeune...

— « Malheur à qui, à cet âge, vient à la Souricière! En vain on s'y présente, poussé, dit-on, par un désir curieux: il y a au fond de ceci de la gangrène morale; quelque chose déjà d'hostile à la probité, à l'honneur qui y vient se familiariser avec les sales voluptés, dans leurs dégoûtantes saturnales; il se vautrera dans une boue infecte qui le cuirassera contre tout mouvement généreux. Nous avons vu souvent apparaître parmi nous, le dédain à la bouche, et chaque trait exprimant un mépris poignant, celui que, trois mois après, nous nommions confrère, celui qui, trinquant avec nous, y agissait en bon ami, en franc camarade.

— « Cela serait-il possible! m'écriai-je.

— « Demandez à plus d'une grande famille,

aux la R....., aux R....., aux S...... Que sais-je?
Et, dernièrement encore, n'avez-vous pas vu
sur la sellette du crime le fils d'un brillant
fonctionnaire, d'un ex-préfet, ambassadeur.
Ah! Monsieur, qui nous fréquente se perd. Notre contact corrompt et empoisonne; le vin de
la Souricière est un philtre inextinguible : il
allume le crime qui, pareil au feu grégeois, ne
s'éteint jamais plus.

D'ailleurs, poursuivit ce féroce confident,
n'est-ce pas pour nous un plaisir délirant que
de faire sortir de votre caste vos égaux pour
les faire tomber dans notre sphère. Cela nous
console. Oui, oui, nous comptons dans vos
rangs les émules de nos scélératesses : les plus
hautes castes, celles-là même où jadis l'hérédité devait prendre rang, ne sont pas fermées... Cependant, au milieu de nos machinations, il y a des instans où nous tombons
avant d'avoir réussi; où le besoin, la nécessité,
nous portent à des actes qui compromettent
notre avenir. Par exemple, vous est-il possible de comprendre tout ce qui passe dans une

ame qui, depuis trois jours, est entièrement privée de nourriture. Alors la vie d'autrui n'est rien. L'homme sans cœur, et nous tous, condamnés à cette existence désordonnée, n'avons plus que du gésier, comme le disait madame ...... de Louis XVIII. Peu lui importe d'immoler des femmes jeunes, belles, gracieuses, des enfans qui nous soient chers; n'importe! on ne les mesure qu'au besoin que l'on a de satisfaire son appétit dévorant. Je vous le répète, pour bien me comprendre, pour me connaître, il faut avoir vu et hanté trois ou quatre fois la Souricière, l'ex-hôtel d'Angleterre, ou son successeur. Voyez, êtes-vous homme capable de montrer du courage froid, réfléchi? Ce soir, je vous mène certes où vous ne comptiez pas achever de passer la nuit. »

Il se leva. Ses yeux triomphaient; ils avaient pris une telle exigence, une supériorité si bien prononcée sur moi, que je me sentis épouvanté. Je regardais autour de nous comme si déjà je fusse tombé dans le *caput mortuum* parisien. Je m'aperçus heureusement que je m'appartenais encore : j'en eus autant de joie que de nécessité... En ce moment, je me reculai du tentateur, et, sans lui donner à connaître ma pensée secrète :

— « Oh! dis-je, cela doit être bien curieux; mais, dans ce cas, j'ai pris un engagement que rien ne me fera rompre. Un ami, qui m'est bien cher, exigea de moi et s'engagea également que nous verrions ensemble tout ce qu'il y a d'amusant, de curieux, d'extraordinaire : assurément ceci l'est au plus haut point ; et je ne me procurerai pas ce plaisir sans l'y admettre au partage.

— « Est-ce votre pensée? me fut-il dit avec autant d'aigreur que d'ironie.

— « Pourquoi ne l'exprimerai-je pas ?

— « Souvent on se dégage par un subterfuge qui met à couvert notre esprit, notre amour-propre, notre légèreté. »

Il y a des circonstances où il est bon de moins entendre que dans d'autres : celle-ci fut au nombre de celles-là. Je me contentai de repartir bonnassement :

— « Voilà une femme qui peut se vanter, malgré son peu de coquetterie, de jouer de plus habiles qu'elles. Mais est-ce à elle que nous songeons? Je vous dois, Monsieur, une des plus piquantes soirées que j'aie passées depuis long-temps, et certes il convient que je vous dédommage du temps que je vous ai fait perdre. Lorsque j'aurai prévenu mon ami, et que nous nous serons retrouvés ici, j'espère que, sous vos auspices, nous irons visiter ce tartare terrestre.

— « Il en sera comme il vous conviendra, » repartit cet homme visiblement de très-mauvaise humeur.

Cependant il ne refusa pas les deux pièces de quarante francs que je laissai tomber dans la poche de son gilet. Je le vis, politique rusé, essayer même des secours d'un sourire de satisfaction. Quant à moi, je le quittai désirant prendre un bain de vapeur, afin de me débarrasser de ces miasmes de crime que j'avais certainement respirés dans mon rapprochement avec ce misérable.

Plusieurs jours après celui-là, et chez notre ambassadeur, je me trouvai attablé à une bouillotte avec le préfet de police de Paris. Charmé de la rencontre, je lui demandai cavalièrement ce que c'était que la Souricière?

— « Dieu vous préserve, repartit M. Gisquet, de mettre jamais le pied dans ce réceptacle des impuretés parisiennes. Malgré le soin que le maître de la maison, qui, par cela seul que, ne vous reconnaissant pas à la première vue, prendrait de vous, certes vous n'en sortiriez pas sain et sauf, sans être volé de votre bourse, de votre montre; et, à défaut de celles-là, on prendra votre mouchoir, et enfin les deux pans de votre habit. Nous avons besoin de ces abîmes, pour trouver sous notre main les coupables qu'il faut arrêter?

— « Sont-ils, dis-je, assez dupes pour venir s'y laisser prendre.

— « Pas un n'y manque. Prince, avez-vous

lu, dans les fameux voyages de Simbad, le marin, aux mille et une nuits, l'histoire de la célèbre montagne d'aimant qui attire tous les vaisseaux de cent lieues à la ronde? Hé bien! là où les souricières ont la pareille autorité sur les bandits parisiens, ces malheureux ont beau faire pour les fuir, ils ont beau chercher d'autres asiles, un pouvoir supérieur, une attraction invincible les ramène vers ce filet toujours tendu, et où, malgré eux, ils viennent se prendre au bout de trois à quatre jours : c'est une influence extraordinaire et pourtant réelle. Voici ce qui s'est passé dernièrement dans ce lieu.

«Denis Leroux, dit *Tonnerre-de-Dieu,* forçat ayant accompli son temps de bagne, partit soudainement de Toulon sans laisser aucune trace de son passage. On me le dénonça; son signalement me fut envoyé. Je fis prévenir l'illustre Paul-Niquet, homme méritant, qui sert la police sans jamais trahir les misérables qui se reposent chez lui. Mes mouches se mirent en campagne; mais pas de nouvelle ne me parvint de *mon coquin.*

« Peu après, continua le magistrat manchot, un funeste procès-verbal m'arrive. J'apprends qu'auprès d'Arpajon, dans une ferme isolée, une jeune femme se trouvait seule avec deux marmots en bas âge; un homme sale, mal mis et souffrant, ayant demandé un peu de pain et de repos, avait été introduit dans la maison. Le monstre, profitant d'un instant favorable, s'était rué sur la pauvre mère et l'avait égorgée avec ses enfans; puis, armé d'une hache trouvée sur les lieux, enfonça les armoires, puis tua successivement le mari et le garçon de ferme, dont il prit les papiers.

« Ceci, me fit dire Foissard, l'illustre voleur qui abhore le meurtre, est un tour de passe-passe de *Tonnerre-de-Dieu.* Il se rapproche de Paris. Soyez sûr, au premier jour, qu'il fera son entrée à la Souricière.

« Cela ne manqua pas. Le surlendemain, au soir, on vit entrer chez Paul-Niquet un homme porteur d'une physionomie atroce. Soudain, le maître du logis, pour ne pas l'effaroucher, lui demande légèrement ses papiers. Le voyageur les remet sans faire la moindre difficulté; ils étaient bien en règle, car ils avaient appartenu au garçon de ferme assassiné près d'Arpajon.

« Dès lors, on ne douta plus que ce ne fût Denis Leroux, dit *Tonnerre-de-Dieu*. En effet, c'était ce misérable. Mais comment s'emparer de lui ? Il ne dormait jamais, son sommeil au moins était si léger, que le plus léger bruit l'en retirait. On savait ce drôle armé jusqu'aux dents, et décidé à immoler quiconque s'opposerait à son passage. La ruse dut donc être employée.

« Il y avait donc, parmi les aspirans aux profits et honneurs de la patrouille grise, un jeune gars, si joli polisson, que, parmi ses camarades, on le surnommait *Mademoiselle*. Des bruits fâcheux couraient sur son compte; on lui promit une forte récompense : il consentit à s'habiller en femme, et, dit-on, il était à croquer sous ce nouveau costume. Il vint à la grande Souricière, se mit sur le chemin de *Tonnerre-de-Dieu*, alluma ses sens, lui inspira des désirs, et convint avec lui qu'il lui dirait où il couchait, et qu'à minuit la jeune fille s'abattrait dans son taudis.

« Cette autre fois encore, le lion se laissa rogner les ongles et arracher les dents. Denis Leroux, vaincu par lui-même, vit à l'heure indiquée entrer *la demoiselle*, mais conduisant après elle une douzaine de gaillards qui, se précipitant spontanément dans la chambre et vers le grabat où le brigand reposait, le saisissent, le serrent de près, l'enchaînent, malgré sa résistance furieuse. Une seule fois il a pu dégager son bras et saisir un pistolet.

— « *A toi la balle!* s'écrie-t-il, et, en même temps, avec le même coup d'œil d'un chasseur habile, il casse la tête à celui qui l'avait vendu. Il est rare que les auteurs de ces sortes de crimes n'en reçoivent pas la récompense de ceux qu'ils ont lâchement trahis.

Chaque fois, poursuivit le préfet de police, qu'un vol important a été commis, deux heures après, la nouvelle en est apportée à la Souricière. La nuit ou le jour ne se passent pas sans qu'un des complices ne vienne lui-même rêver au partage ou prendre joie à en raconter les particularités. Il est rare que l'on ne puisse mettre la main sur l'investigateur puissant.

« Ces lieux sont trop utiles pour qu'on songe à les détruire. D'ailleurs qu'y gagnerions-nous : des associations plus fortes, mieux combinées ou plus méticuleuses, dont nos agens seraient exclus. Ne vaut-il pas mieux que nous sachions légalement où nous pouvons trouver les ennemis de tout ordre de la société. »

X.

L'hôtel de Castellane. — Ses acteurs. — Ses actrices. — Son théâtre. — Les soirées qu'ils donnent. — Aperçu de modes. — Quels gens de lettres il reçoit. — De certains romanciers. — Critiques littéraires et de bonne compagnie. — Ceux qui mettent en scène le grand monde ne le fréquentent pas. — Suite de critiques. — Le *Vicomte de Béziers*. — Le *Comte de Toulouse*, etc. — Tort des journaux royalistes.

M. de Castellane, appartenant à l'une des plus illustres familles de Provence, possède à Paris un hôtel élégant, distribué avec goût, et où s'élève un théâtre de société vers lequel gravitent toutes sommités de la bonne compagnie. Là, plusieurs troupes rivales luttent d'habileté, d'intelligence scénique, et se disputent la palme de succès ; on y met en jeu les intrigues, les cabales, les querelles, les haines, les zizanies qui troublent les théâtres royaux. Le maître du logis, grace à sa politesse exquise et ferme, à son urbanité qui se maintient au même niveau, parvient à dompter les ambitions des premiers rôles des valets, des grandes coquettes, des ingénues. La jeune dame qui joue la Célimène du *Misanthrope*, ou celle du *Philosophe marié*, se croit investie du plein droit de réclamer l'Agnès de l'*École des Femmes*, ou la Victorine du *Philosophe sans le savoir*. Elle s'appuie sur l'exemple de mademoiselle Mars, et parce que cette actrice inimitable possède un talent universel, ses maigres et pâles copies se figurent qu'elles l'égaleront en tous les rôles qu'elles attaquent aussi.

Les hommes sont moins exigeans ; les rôles sont tranchés. Il est rare et presque impossible qu'un valet veuille aborder le premier rôle. L'ambition de Labranche va au Tartufe, peut-être à Trissotin encore, mais s'arrêtera en présence du glorieux d'Alceste et de M. de Lempyrée; c'est pour M. de Castellane entr'autres du moins. Mais que de Molé, que d'Armand, de Préville, de Dugazon, et même de Baptiste cadet, de Michot, sans compter les Brunet, les Potier, les Tiercelin, autres superbes valets grimaciers, bouffons, qui se poussent, se pressent, qui veulent chacun obtenir le bon rôle dans la pièce qui sera jouée.

On circonvient le grand directeur, on le prie, l'encense, le vante, le prône. Les cajoleries marchent en première ligne, puis viennent le persifflage, les épigrammes, les plaintes, les aigreurs. Voici la discorde dans le camp d'Agramant. M. de Castellane a voulu se réjouir et amuser les gens bien nés : il s'est mis au cou une corde qui, près de l'étrangler, lui ôte la respiration et le place en position de perdre la vie.

C'est la vérité, c'est le rôle qu'en définitif on réserve toujours au maître de la maison, c'est-à-dire des dégoûts, des désagrémens;

tout ce qui peut lui déplaire et le blesser. Ici pourtant une ame énergique ne se laisse pas dompter par ces milles exigences avides ; il s'accroche au proverbe : *Charbonnier est maître chez soi,* et, en conséquence, gouverne despotiquement les sujets qui, volontaires, sont venus se ranger sous sa domination.

Il a de l'esprit, du sens, du tact, l'habitude du commandement ; et, comme dans la généralité, les *artistes* ne sont pas ses égaux, il conserve sur eux une suprématie, et dont tous se trouvent bien ; c'est pourquoi il conduit, dirige, règle à son gré ses deux ou trois troupes rivales qui viennent tour à tour chercher sur son théâtre des succès et des ridicules.

MM. de M..., de C...., sont ses meilleurs acteurs. Rarement voit-on un masque plus comique, plus incisif que le dernier ; le premier a un jeu plus fin, plus serré ; il calcule les mots, les gestes, n'accorde rien au hasard. Tant de science peut-être même a de la sècheresse dans l'exécution ; on gagne à montrer de l'abandon, de la désinvolture. L'autre, au contraire, tout de verve, de gaîté, de pétulance, forme un véritable feu follet; il arrache les rivaux et force les applaudissemens, car les spectateurs presque toujours se laissent vaincre et séduire par tout ce qui est éblouissant, étourdissant, par ce qui jette de la poudre aux yeux.

MM. de L..., de C...., de B..., sont d'agréables jeunes premiers; leur physionomie est en harmonie avec leur rôle. Les spectatrices aiment à voir de jolis hommes représenter les amans favorisés. Leur voix est pure et fraîche; ils ne sont pas embarrassés dans leurs mouvemens; ils débitent bien les couplets; ils ont de la chaleur, de la véhémence, de l'entraînement. Il résulte de ces avantages qu'il est difficile de plaire sur le théâtre, même à un public non payant. Celui-là a des caprices, des fantaisies, des préférences, dont il ne peut se rendre compte.

Le théâtre est construit avec goût; les décorations, fraîches, neuves, sont dues à des pinceaux célèbres. On aime à voir nos grands artistes rehausser par leurs talens les plaisirs de la bonne société. Par malheur celle-ci n'est pas sans mélange. M. de Castellane, cédant à une bienveillance outrée, reçoit chez lui des personnes que leurs opinions politiques devraient en repousser. Qu'on cesse de s'y tromper! Jamais on ne réunira franchement à la cause sacrée les hommes du juste-milieu, les doctrinaires, et moins encore les estimables républicains dont les bonnes manières commandent des égards. Ceux-là seront des ennemis inflexibles ; ils consentiront bien à partager nos plaisirs, à faire la cour aux gracieuses royalistes, mais de là à les amener à se soumettre à nos maximes, qu'on ne l'espère pas! Ils continueront à se dessiner en adversaires implacables.

Pourquoi donc, par un faux calcul, par une urbanité sans fruit, les admettre dans nos rangs et nous contraindre, par politesse, à taire nos sentimens. Cette éruption de nos contempteurs dans nos salons est cause que nous n'y sommes pas. Entre soi, voyez la différence des républicains. Appellent-ils chez eux les vrais royalistes? Non certes ; ils les fuient, les écartent, au contraire, et leur ferment les portes qu'ils n'ouvrent qu'aux frères et amis.

Je crois que l'on gagnerait beaucoup à vivre constamment entre soi ; on se connaîtrait mieux ; on s'apprécierait davantage. Les royalistes se tassant en prendraient plus de force et d'énergie. Je ne sais pourquoi, au lieu de se conduire ainsi, on prend une conduite contraire; aussi, il en résulte que nous manquons de force et de cette puissance de masse qui, profitant à nos ennemis, leur donne tant d'énergie.

Il faut avoir assisté aux soirées dramatiques, ou musicales, ou dansantes, de M. de Castellane, pour prendre une idée du luxe, de l'élégance, de la magnificence, des parures, et de la décoration variée des diverses salles de l'appartement. Là, on retrouve tout ce que la mode apothéose : une profusion de meubles précieux, rares, des siècles derniers; la renaissance, les règnes de Louis XIV et de son successeur, les chinoiseries remarquables, les antiquités égyptiennes, grecques, romaines, du moyen-âge, de la chevalerie, apportent là leurs tributs. Ce n'est pas l'imposante collection du respectable Dusommerard: ce sont des échantillons qu'un homme de bonne compagnie a réunis afin de pouvoir, d'un coup d'œil, parcourir un cercle de plus de deux mille ans.

Et ces femmes, quelles sont belles et admirablement parées! Pourquoi n'y en a-t-il pas de complètement laides. On dirait que M. de Castellane les a choisies. Quelle profusion de diamans, de pierres précieuses, de perles fines, de fleurs artificielles, de bijoux d'or et d'argent! Quelle variété d'étoffes de soie, de lampas, de gros de Tours, de Naples, de riches damas à trois couleurs, d'étincelans brocards de l'Inde, et que portent seulement les princes et princesses de ces chaudes régions, de mousselines lamées d'or ou d'argent, de dentelles semées de pluies de paillettes d'acier ou de Jayet; les plumes de couleurs bigarrées, et les rubans qui semblent ravis aux ailes étincelantes des papillons. Tous ces secours, ces embellissemens de la parure, ces charmes de l'art, qui s'allient si bien à ceux que prodigue la nature, tout enfin concourt à rendre éblouissantes les soirées de l'hôtel de Castellane.

Si les hommes renonçaient à la solennité de leur vêtement noir; s'ils adoptaient, pour les réunions d'éclat, des nuances plus voyantes, alors l'effet général serait complet, rien ne ferait faute à cet appareil de nos cercles, et l'on regretterait moins les époques où, vêtus de velours de satin, richement brodé, les seigneurs de la vieille France étaient, eux aussi, un luxe de pierreries, d'or, d'argent, de dentelles qui, de loin, les faisaient passer pour de jolies femmes; à tel point leurs habits, leurs vestes représentaient un parterre de fleurs.

On rencontre chez M. de Castellane des sommités littéraires; il aime à les recevoir, à les admettre à ses plaisirs, bien que toutes, non sans manquer de prétentions, ne possèdent pas ces formes délicates et de haute compagnie, qu'ils ne peignent pas mieux dans leurs écrits qu'ils ne les développent sur leur propre personne. Leur habitude les rapproche plutôt du juste-milieu, du commerce, de la bourgeoisie, dans lesquels ils sont nés et où ils trouvent encore la meilleure portion de leurs parens et de leurs amis.

Parmi les hommes de lettres, on en compte peu au rang des plus célèbres qui ressortent de l'ancienne noblesse. M. de Lamartine appartient à une famille nouvelle; j'en dirai autant de celles de MM. Hugo et Dumas, quoiqu'il y ait eu là d'honorables illustrations militaires. MM. Lemercier, Soumet, Duval, Jouy, Balzac, Scribe, Ancelot, Delavigne, ne sont pas plus nobles d'ancienne chevalerie que ceux-là.

Si ensuite je descendais parmi, non les célèbres, mais ceux qui font ou cherchent à faire du bruit, à cette classe de travailleurs de soi-même, je trouverais MM. d'Arlincourt, Creusé, de Léger, et la multitude que je passe sous silence, bien qu'elle soit supérieure à ees deux derniers. On ne trouve non plus que des auteurs qui tirent leur origine des castes inférieures. Certes, ils n'en ont que plus de mérite; il ne leur en revient que plus de gloire : c'est un fait que je constate. Il en résulte qu'il faut peu s'étonner si dans la foule de pièces de théâtres et de romans dont chaque jour on nous inonde, la bonne compagnie est généralement mal peinte : on la grime, on la met en caricature; on la rend ridicule, et on se flatte de l'avoir montrée dans sa nudité. Il n'en est rien! Jamais les femmes titrées, les hommes de qualité ne sont tels que les font MM. Ricard, Jules Lacroix, Paul de Kock, Victor Ducange, Soulié, Karr, Masson, Rabbe, etc. Je n'attaque ni leur talent littéraire, ni leur génie, ni l'esprit et la variété qu'ils ont pu mettre dans leurs compositions; je leur reprocherai seulement d'avoir manqué de franchise, d'exactitude, de vraisemblance. Ils sauraient, s'ils avaient fréquenté assidûment la société noble, que, dans elle, les vices, lorsqu'ils existent, sont toujours cachés sous l'élégance des formes; que même, dans des actes de vengeance, on y met une fleur de grace qui n'a rien de commun avec ces hideuses caricatures que l'on nomme homme ou femme de qualité.

Dans quel lieu, par exemple, trouvera-t-on un véritable vicomte qui, comme celui du roman *le Chiffonnier*, dînant avec des dames de son rang, leur crie : *S... b..., taisez-vous, si non je vous fais f... voler par les fenétres*, ou l'équivalent. Certes, si, par cas, l'hospitalité, poussée à son délire extravagant, avait pu conduire un seigneur à se dégrader par de tels propos, c'eût été lui qui, à l'instant même, aurait franchi l'espace et aurait été se reposer sur le pavé de la rue. Il ne faut pas s'imaginer que la grossièreté s'est retirée chez la noblesse campagnarde. Là, au contraire, on la voit posée à l'excès, outrant les formes de l'urbanité française. On rencontrerait dans les châteaux isolés des caricatures en sens inverse peut-être, c'est-à-dire qu'elles seraient ridicules à force qu'elles voudraient paraître bien élevées ; mais saisir chez un gentilhomme campagnard la grossièreté envers les dames nobles, c'est, je le déclare, ce qui ne peut-être, car la politesse est le culte que l'on professe dans ces manoirs auprès de ceux de Dieu et du roi.

En général, dans les œuvres modernes, on manque par trop à la vérité historique. Le romantisme, dans ses prétentions, aspire à être vrai, et il est faux complètement. Les jeunes auteurs, pressés d'écrire avant d'avoir appris, peignent avec des couleurs incertaines, dépourvues d'exactitude et d'éclat ; ils ne savent que ce qu'ils viennent de lire tout nouvellement ; aussi trompent-ils leurs lecteurs, parce qu'ils ignorent eux-mêmes ce qu'ils doivent dire.

Je citerai, par exemple, un roman ayant pour titre : *le Vicomte de Béziers*, où tous les caractères sont dénaturés, où les faits sont torturés étrangement, œuvre bizarre où, après avoir employé plus d'un volume à ouvrir la scène, à nouer l'intrigue, on saute à pieds joints par-dessus celle-ci, et on arrive à un dénouement étranglé, et si mal engencé, que, pour le composer, il n'était pas certes besoin de mettre en jeu l'éternel nègre, jaloux et vindicatif, qui partage avec le bourreau les honneurs du romantisme.

Au demeurant, l'inhabileté du même auteur s'accroît dans une autre production appelée, je crois, *le Comte de Toulouse.* Ici est entassée une masse indigeste de faits historiques, liés sans art et sans connaisssance des temps et des hommes. Les descriptions locales manquent d'exactitude ; j'ai ri lorsque j'ai vu transformer en une salle aux dimensions gigantesques l'étroit et bas caveau des Cordeliers de Toulouse, large de dix à douze pieds au plus, enfoncé en terre de quatre pieds seulement, car il était éclairé par des fenêtres donnant sur le rue, et par où l'on voyait tout ce qui s'y passait.

Là, un certain nombre de cadavres desséchés étaient rangés debout contre la muraille, chacun vêtu de son costume d'homme. L'auteur, selon la fausse tradition, place en ce lieu le squelette de la belle Paule ; il aurait dû savoir que cette dame célèbre, morte au XVIIe siècle, trouva sa sépulture, non aux Cordeliers, mais aux Augustins de la même vil e, et dans la chapelle des onze mille vierges, où était le caveau des Lancefoc, sa famille maternelle.

Le comte de Toulouse, Raymond VI, est en vérité par trop immolé à la préoccupation de l'auteur. C'était un prince sage, vaillant surtout, et je ne sais pourquoi M. .... se plaît à lui prêter une lâcheté qui, certes, ne se trouvait pas dans son caractère; il le confond visiblement avec son fils et successeur, Raymond VII, celui-là timide et seulement politique. Son père, digne ami des comtes de Foix et de Comminges, ces héros du XIIIe siècle, combattit héroïquement dans de nombreuses rencontres; certes, le prince qui reconquit sur Simon de Montfort la ville natale, qui tenta avec une poignée d'amis cette entreprise célèbre, ne peut être taxé de couardise.

Le vicomte de Carcassonne, jeune homme amant de sa femme, en avait plusieurs enfans déjà, lorsque les croisés pénétrèrent dans le Languedoc; ainsi, loin de se vouloir séparer d'elle, loin de l'avoir encore approchée, comme l'avance sans motifs l'auteur du roman, il était son époux fidèle. Pourquoi alors le peindre sous de fausses couleurs ? pourquoi le rendre méprisable au lieu de le montrer sous son véritable aspect.

Je pourrais multiplier les critiques; je m'arrête, je n'aurais même pas mis celle-ci en avant, si M. S... lui-même n'était entré dans la lice; il a voulu y descendre, je l'y ai suivi. J'espère, plus tard, et dans un autre ouvrage, prouver au public combien on se joue de sa bonhomie, en lui offrant les peintures peu naturelles de ces temps anciens, de ces ères féodales, que l'on connaît mal, que l'on exploite au profit des idées libérales.

Les auteurs qui occupent les journaux sont certains que nul critique confrère ne verra leurs fautes; c'est une réciprocité de louanges banales, de vanteries nauséabondes, dont le public est la dupe et le jouet. Quel jour enfin voudra-t-il ouvrir les yeux, se méfier surtout de ces éloges exagérés, presque toujours donnés à l'auteur, non pas par son ami, qui n'en a pas le temps, car il travaille pour son propre compte, mais par celui-là même qui, auteur du livre, en vante lui-même le mérite et en recommande la lecture.

Mon Dieu! la plaisante chose que cette hablerie, que cette apothéose où le nouveau Dieu se dresse lui-même son autel.

XI.

Qu'il n'y a plus de cour en France, bien que les courtisans ne manquent pas. — De la vraie noblesse. — Des femmes nobles. — Des contempteurs de la vieille noblesse. — Des nouveaux nobles. — Études, portraits. — L'épicière et sa chalande aux Tuileries.— *Se taper une bouteille à trente* au château.— De quelques gens de mérite actuels.—M. Casimir Perrier. — MM. Dupin. —MM. Mauguin, Barrot. — Dupont de l'Eure. — Fulchiron, Gauneron, Laîné Villevesque, Étancelin, etc. — Les maréchaux Soult et Mouton.

Il n'y a pas précisément de cour en France; dans ce moment la famille royale a des jours où une multitude de toutes les classes vient encombrer les vastes salons des Tuileries : un soir c'est pour danser, un autre on entend de la très-bonne musique ; il y a des époques où l'on est dans l'obligation de prononcer d'une voix grave de plates harangues auxquelles le roi des Français répond avec infiniment de variété et d'esprit. Il aime à parler, car il parle bien ; il laisse aux autres peu de loisir de lui répondre ; aussi, plus on l'écoute, mieux on lui semble aimable.

Il est en outre des circonstances où l'on court au château pour faire de simples révérences ; il y a foule pareillement le lendemain d'une tentative d'assassinat, et, par malheur, ces actes abominables se répètent-ils trop souvent. Que sont devenus les Français ? Qu'elle horrible manie de régicide s'est emparée d'eux. Cependant je dois convenir que parmi les hommes atteints d'une fièvre pareille, on rencontre des républicains uniquement, et des royalistes jamais. Les premiers, élevés aux maximes farouches et sanglantes de nos sans-culottes, répètent effrontément ce vers que je crois de Crébillon dans sa tragédie non publiée de Cromwell :

..... Le meurtre d'un roi n'est que la mort d'un homme.

Atroce maxime, fausse, que je déteste de tout mon cœur. Je l'ai dit déjà, je le répèterai sans terme, que tuer un roi c'est commettre un parricide, c'est répandre un sang qui s'élèvera perpétuellement pour témoigner contre qui l'aura versé.

Mais je reviens à mon texte. Il n'y a pas en France de cour; celles que l'on rencontre dans les diverses capitales de l'Europe, la réunion journalière d'un nombre plus ou moins étendu de gentilshommes, de dames nobles, acoutumées à se voir, parlant la même langue, professant les mêmes sentimens, école perpétuelle de dignité, d'élégance, de manières, de pureté de langage, de simplicité et de grandeur à la fois; une foule privilégiée qui connaît ses grands devoirs, de fortes tâches, de gigantesques qualités à s'imposer, *Noblesse oblige*, a dit un auteur noble, il a eu raison. Que l'on ne s'avise pas de croire la noblesse uniquement renfermée dans le droit de prendre des titres, de porter des habits brodés, des décorations, d'avoir des valets en livrée, un dais dans l'antichambre, des pages, des écuyers, des carrosses blasonnés; non, tout cela n'est pas la noblesse; ces choses en sont l'ornement, voilà tout ce qui la constitue. Ce qui en est l'essence essentielle, écoutez-moi, vous le saurez.

Être noble, c'est prendre dès le berceau l'engagement d'être sobre, grave, modeste, réservé; c'est de vaincre ses passions, c'est de servir son roi quand même ; c'est de n'avoir qu'une foi, qu'un amour, de courir à la voix de la guerre pour verser notre sang, perdre notre fortune, et en obtenir en récompense un simple ruban, un ornement extérieur à notre écusson. Le noble doit être le modèle de la fidélité, de la loyauté; il doit être plus probe, plus vaillant, plus pressé de rendre la justice que tout autre : se dévouer à son prince, à sa famille, à sa patrie, aimer la religion et savoir mourir pour elle; n'avoir qu'une parole dont on ne se départ pas; se maintenir dans une règle constante de vertus et de bonnes mœurs; être fils soumis, père tendre, époux fidèle, sujet dévoué, militaire intrépide ; en un mot, *noblesse oblige*, et le fardeau, certes, est des plus lourds.

Les femmes sont nécessairement élevées dans les principes d'une morale austère, d'une piété franche ; elles savent ce qu'elles doivent à leurs proches, à leurs maris, à leurs enfans, à leurs supérieures. Nées charitables, compatissantes, elles font le bien en silence, dans l'ombre, pour le seul plaisir de le faire : on les voit au chevet des infirmes, dans la maison des malheureux ; elles se parent avec modestie et magnificence ; car il convient qu'elles fournissent au développement de l'industrie, qu'elles aident au gain du commerce. Bonnes mères, douces, sensibles, on ne les voit pas accueillir avec mépris le pauvre qui les implore ; jamais elles n'ont adressé une parole inconvenante à leurs domestiques, à leurs inférieurs ; lorsqu'elles commandent, lorsqu'elles grondent, c'est toujours avec modération, en ménageant les termes, en évitant ce qui mortifierait ou serait désagréable. Ponctuelles à remplir les devoirs religieux, elles évitent tout ce qui est pompe; pieuses, elles prient à à la dérobée, pour ainsi dire ; pensionnent les vieillards et les jeunes filles qui se perdraient par trop d'abandon.

Le nombre est considérable des femmes nobles qui, en province, sont l'édification des villes qu'elles habitent, à part quelques unes à qui leur âge fait trop de bruit, et qui même, en avançant dans la vie, reviennent de cette erreur; le reste, jeunes ou vieilles, se maintient en exemples à des populations qui les apprécient, les aiment et les estiment.

Voilà ce qu'en France, et dans le reste de l'Europe, on appelle gens nobles, caste maintenant vouée à la haine des autres castes, qui la jalousent, l'exécrent, parce qu'elle demeure en objet de vénération à tous les hommes raisonnables. Ceux qui, avec de l'argent, s'imaginent faire oublier leurs vices, leurs mauvaises actions; ceux qui, partis de bas et montés haut, *per fas et nefas*, ceux-là ne veulent plus de la noblesse ; à l'entendre, elle est vermoulue, gangrenée, elle tombe en lambeaux, se résout en pourriture, et l'avantage de tous est que l'on s'en débarrasse promptement.

Examinez avec soins, avec attention réfléchie, ces contempteurs de la noblesse, vous verrez parmi eux des gens de robes, avides du bien d'autrui, dépouillant l'orphelin, pillant la veuve; des négocians escrocs, banqueroutiers, débitant cher des marchandises avariées, aunant à fausse mesure, livrant à poids légers; des ambitieux subalternes, sans mérite, sans vertu aucune, se livrant à qui les paie, et vendant et revendant si souvent leur honneur, qu'ils ne l'apprécient qu'au prix dont on l'a soldé la première fois.

Hé bien, ces êtres pervers sont en ce moment les dépréciateurs de la noblesse, les juges nés de cette caste, où, à nombre égal, tous les avantages sont de son côté.

En preuve de ce que j'avance, je montrerai la cour actuelle, dépourvue de cette foule de personnes de qualité qui naguère en faisaient l'ornement. Fidèles à leur culte, les nobles, dans leur immense majorité, se sont reculés de cette cour, où ne préside plus celui qu'ils appellent leur roi légitime. Soumis, à tort ou à raison, à un enfant, comme naguère ils l'étaient à son aïeul, ils demeurent dans leurs manoirs, dans leurs terres, espérant et ne s'armant ni du poignard ni du poison; c'est en Dieu que repose leur confiance; ils n'attendent pas de triomphe de la main d'un meurtrier : tous détesteraient le scélérat qui leur dirait : Je suis armé, je vais tuer cet homme, combien me donnerez-vous en retour? — Va, méchant, disent-ils, va, tu nous es exécrable; les foudres de Dieu frapperont, au jour où Dieu voudra nous délivrer; jusque là, malheur à qui veut hâter, par un crime, l'exécution de ses arrêts.

Chez le roi des Français, on rencontre une poignée d'anciens nobles, presque tous comblés de bienfaits par la branche aînée de la famille royale. Ceux-là, honteux de ce que les autres appellent leur abandon, se rangent à part, s'isolent, et se font remarquer par leur attitude fière, triste et mélancolique. Ils ont cédé à des besoins pressans, à des calculs d'ambition, à des espérances fallacieuses, qu'on a fait briller à leurs yeux, et avec lesquelles on les a séduits; maintenant, enrôlés dans l'immense cohue, ils font masse avec elle, en souffrent le contact, les railleries, les arrogances; vaincus devenus vainqueurs par subterfuge, ils souffrent à l'approche de ceux qu'ils ont quittés, et il n'y a pas de minute ù leur conscience troublée ne leur fasse payer cher leur défection.

A côté donc de ces courtisans mélancoliques, parce qu'ils ne se croient pas à leur place, voici venir la foule bruyante, dorée, turbulente, crieuse, arrogante, sans gêne, des sommités du comptoir de la banque et de la boutique; beaux fils un peu sur le retour, chenilles redevenues papillons, grace à l'habit, aux épaulettes, aux plumes, et aux broderies de la milice citoyenne.

Là, vous retrouvez, le soir, et geai véritable, paré de nos plumes de paon, cet avoué qui, le matin, nous a si cruellement rançonnés au nom prétendu de son client ; cet huissier qui, pour vous enlever au nom de la loi, a passé une journée entière à votre porte; hé bien, ce soir, il vous fait les honneurs d'un buffet des Tuileries, vous offre un verre de punch, et, en dansant avec vous la même contredanse, tâche de prendre si exactement l'empreinte de votre physionomie, que le lendemain son garde du commerce puisse vous happer à la sortie du château [1].

Il est rare qu'on n'y soit pas heurté, coudoyé, poussé, que sais-je ? par un de vos fournisseurs. Certainement, si vous allez aux Tuileries, vous vous êtes dit plusieurs fois : il ne faut pas que je manque la soirée de tantôt, car certainement j'y trouverai mon richissime tailleur, ou mon marchand de vin, le coq de notre quartier.

---

[1] Fait historique et de *visu*.

Madame de la T.... avouait, la semaine dernière, qu'ayant eu avec son épicière une scène assez grave, au sujet d'un compte soldé et redemandé deux fois, à cause de l'étourderie du teneur de livres, qui avait négligé d'inscrire l'acquit, elle s'était vue dans la dure nécessité de mettre à la porte cette hautaine dame. Hé bien, quelques heures plus tard, toutes les deux étaient assises côte à côte, et dansèrent à la même contredanse.

— « J'ai fait à Dieu, ajoutait madame de T...., le sacrifice du renouvellement de la querelle; peut-être aussi eus-je peur, vu la majorité de l'épicerie et droguerie, d'exciter une sorte de guerre civile entre les miens et ceux-là.»

Non, je ne fais pas de la caricature ; je peins ce qui est vrai, ce qui est positivement, ce qui doit être. Qui a fait la révolution?

— « Les classes intermédiaires.

— « Dans quel but?

— « Pour aller danser et se *taper d'une bouteille cachetée* au château. Il a donc fallu, après la victoire, leur ouvrir toutes grandes les portes de ce palais; jamais joie n'a été plus douce à ces belles dames, jamais plus heureux triomphe n'a charmé les époux. Être chez le roi comme chez eux, y amener leurs enfans, raconter à leurs commis, à leurs ouvriers, les nouvelles de la cour, et de la première main encore, est un enivrement que l'on ne peut payer assez cher. Aussi, tant que les Tuileries seront ouvertes à ce monde, la plèbe paiera sans murmure, sans peine, au tripot si productif à sa vanité.

Cependant ces messieurs et ces dames, dont je ne nie ni les vertus ni les qualités, ne peuvent composer ce que l'on appelle une cour. Dès qu'ils sont au château, il y a cohue, et pas autre chose; il leur manque ce vernis brillant, suave, ces propos exquis, ces manières élégantes, ces riens si agréables dans leur ensemble, et dont la réunion constitue uniquement la bonne compagnie et peut-être la cour.

Cependant, au milieu de ces tournures

grotesques, hétéroclites, de ces propos ridicules, de ces parures si *cossues* qu'elles ressemblent à des montagnes d'or; parmi ces hommes peu considérables et point considérés, parmi ces militaires absurdes, affublés d'une décoration que certes ils ne méritent aucunement, il y a des esprits supérieurs, des âmes énergiques, des caractères fermes, des imaginations actives et créatrices, en un mot, des personnages dignes, malgré leurs professions, ou plutôt avec leurs professions, de prendre rang dans une cour, et d'en être le bel ornement. Ceux-là ont su, avec autant d'habileté que d'adresse et d'audace, se créer de rapides fortunes, faire travailler activement d'immenses capitaux, et en même temps développer les hautes idées des hommes d'État, prendre place parmi eux.

Casimir Perrier, à qui, tout en ne l'aimant pas, il y a force à rendre justice, appartenait au commerce. Quel cœur fut plus noble, plus intrépide? Quel œil était plus lucide? Qui, mieux que lui, au moment de la combustion, reconnut l'anarchie, et, loin de pactiser avec elle ou de la cajoler, ne balança pas, aux dépens de sa popularité, et de sa vie, de la colleter, de la combattre corps à corps? Il mourut dans cette lutte acharnée, peut-être avec le regret caché de n'avoir pu soutenir le trône dont maintenant son travail vigoureux retardait la réédification; quelle que soit notre opinion, ceci est réel.

Et puis-je aussi laisser dans la foule M. Lafitte qui, se trompant, qui, suivant une mauvaise voie, a mené une conduite loyale; qui n'a pas voulu entraîner dans sa chute ceux qui avaient eu tant de confiance en lui. On l'a vu perdre sa fortune, s'appauvrir seul, et rendre ce qui ne lui appartenait pas; généreux envers son parti, il lui immola son avenir. Assurément, si celui-là, au lieu de suivre la route fatale où il s'est fourvoyé, se fût franchement rallié à la monarchie, il serait devenu homme important par les charges, et autre Crésus par les millions qu'il aurait amassés.

Je n'enlèverai pas non plus à M. Dupin aîné sa part d'éloquence, d'esprit, de savoir, d'énergie; il a su attaquer avec un art admirable; c'est à lui, après M. de Lafayette, que le roi des Français doit sa couronne; ce sont les conseils de M. Dupin qui ont conduit ce prince à Paris, lorsque tout l'appelait à Saint-Cloud, qui lui ont dicté sa visite à l'Hôtel-de-Ville, qui entraîna la fraction de la chambre des deputés alors présente à décimer celle des pairs, et à disposer de la couronne. M. Dupin est un grand jurisconsulte : il eût marqué dans l'ancien barreau. Ce que j'aime en lui, c'est sa tolérance; il est toujours prêt à s'accommoder avec tous les partis, avec toutes les opinions, pourvu qu'eux et elles veuillent faire des concessions à sa manière de voir.

MM. Mauguin, Baude, Odilon - Barrot, et surtout l'inflexible Dupont de l'Eure, sont des hommes qui, dans des temps calmes, auraient joué un rôle éminent. Parmi les négocians, MM. Fulchiron, Ganneron, Laîné,

Villevesque, Etancelin, Ternaux, Obercampf, et un grand nombre d'autres, méritent notre estime. Esprit de parti à part, certes jamais ceux-là ne seront déplacés dans une cour où le souverain saura qu'il convient de faire des concessions aux circonstances.

Le maréchal comte de Lobeau, sur qui, depuis sept ans, on lance tant de flèches, et que de malins critiques affublent de ridicules, et son chef plus que son collègue, l'illustre duc de Dalmatie, ceux-là aussi, pensez-vous qu'il y ait des cours où leur place ne soit pas marquée? La leur sera toujours au premier rang. Il y a dans la gloire des armes quelque chose de relevé, de pompeux, qui attire les regards et attache l'imagination. MM. Soult et Mouton seront toujours, dans les siècles à venir, d'excellens gentilshommes; et pensez-vous que dans la maison militaire du roi des Français il ne soit pas quelques hommes braves, spirituels, aimables, aussi bien de mise sur un champ de bataille que dans un salon? Je doute que la cour ancienne eût par exemple repoussé, si elle eût pu le connaître, l'officier d'ordonnance Bifeldt; non, tout au contraire, elle lui aurait dit : Venez à moi, je recevrai toujours avec plaisir qui sait si bien se battre, qui est si fidèle, et qui a toute l'habitude de la bonne compagnie.

XII.

Macédoine d'artistes. — Ingres. — Ses tableaux ou chefs-d'œuvre. — Ses élèves Lehemann, Flandin, Pichon. — Autres. — Court. — Hesse.— Clément Boulanger.— Arry Scheffer.— Son *Christ consolateur*. — Decamps. — Critique.— Joseph Bifeldt.—Andrieux.— Paul Gomieu. — Vaudechamp. — Biographie de celui-ci. — La Sculpture.— Pradier. — Pessard.— Gaynard le fils. — Gaynard le père, — Ouvrages et vie de cet habile artiste.

J'ai dit ailleurs qu'une forte partie d'artistes suivaient dans les arts une voie défectueuse ; ceux qui manquent de génie et d'imagination s'égarent sur les pas de deux habiles et grands coloristes, MM. de Lacroix et Decamps, et croient qu'on suplée à tout avec un mélange habile des décompositions du prisme. En conséquence, ils renoncent à l'invention, à la composition, au dessin, à l'expression, à la grace. Une nature triste, parce quelle sera bien peinte, leur paraîtra un tableau achevé; à les entendre, si un jambe est torse, c'est qu'ils ont voulu représenter un boiteux; si cette épaule est hors de ligne, ceci dénote une gibbosité.

Hélas! pourquoi vous attacher à reproduire ces odieuses imperfections? L'art consiste à s'emparer de la nature, à la copier; la redresser quand elle se présente mal.

Jeunes artistes, voyez Ingres, voyez ce génie si pur, si candide, si élégant, lui qui passe sa vie entière à sacrifier aux graces, à la beauté ; la puissance de son crayon produit une illusion telle, que chacun de ses tableaux passe pour une réminiscence de Raphaël. Le chef-d'œuvre de l'école moderne est sans contredit le tableau de ce maître, *l'apothéose d'Homère* [1]. On croit, en le contemplant, retrouver une de ces toiles du seizième siècle, si savantes, si divines, et que les temps ne font que grandir en beauté.

C'est à ce maître que doivent se rattacher les élèves qui veulent suivre la voie sacrée ; ce sont de ses exemples, de ses conseils qu'ils doivent s'inspirer avec lui ; ils feront de la peinture consciencieuse, ils marcheront d'un pas ferme, et n'hésiteront pas dans le droit chemin.

---

[1] On souffre de voir un tel chef-d'œuvre si indignement caché dans une antichambre au jour borgne, et d'où il n'est aucune place pour l'examiner à l'aise ; le souverain assez heureux pour posséder un pareil tableau devrait ordonner sa translation dans une autre salle plus convenable, plus honorable surtout. Mais Ingres joue de malheur auprès des chefs du Musée; ses tableaux sont éparpillés, loin des regards du public : on nous les cache. *Cet admirable vœu de Louis XIII* a été s'ensevelir à Montauban, dans une chapelle obscure, et où il ne sera jamais admiré que par quelques voyageurs, et où jamais les artistes n'iront le copier et s'inspirer de ses nombreuses beautés. Son *Saint Symphorien*, si brutalement enlevé à notre enthousiasme, pour une ville où l'on a tant d'indifférence à l'encontre des

Non que je ne comprenne aussi les erreurs de cet homme habile, de ce prince de la peinture. Il a cru que son modèle, son dieu, Sanzio, a dédaigné la couleur ; il se trompe : celui-là, au contraire, a toujours tâché de s'en emparer ; il a constamment aspiré à être aussi grand coloriste que dessinateur sublime ; il a cherché à vaincre dans les diverses difficultés de l'art.

Je me flatte qu'à son retour de Rome, In-arts, où sont *OEdipe et le Sphinx*, *la Circassienne*, *Roger et Angélique?* en des lieux où l'on n'aborde qu'avec difficulté ; lui-même enfin, relégué à Rome, n'a pu tenir cette école, si brillante, déjà si glorieuse, et à laquelle sa suprématie imprimait tant d'éclat. On a généralement regardé, quoique à tort, la nomination de directeur à Rome en manière de disgrace, d'exil, et comme accordée à la malice de ses ennemis.... Le bruit se répand que l'approche du choléra le ramènera à Paris plutôt que les jaloux n'eussent voulu, et jamais assez tôt, au gré d'une jeunesse studieuse, et qui attend la lumière de lui ; sans doute qu'il ramènera ce groupe d'élèves, qui, ne pouvant se passer de ses avis, avaient été le rejoindre. Dans le nombre, je signale le jeune Jules Rousseau, au nom duquel les amateurs, les connaisseurs, attachent de hautes espérances. Puissent les plaisirs vulgaires ne pas énerver ce talent naissant !

gres, revenu de son aberration, nous montrera ce que peut le génie victorieux sur tous les champs de bataille ; il prodiguera les chefs-d'œuvre. Et l'envie hideuse, qui a brutalement tué Gros, le coloriste, le fougueux, le brillant dessinateur ; qui a trop hâté la mort de Gérard, si penseur, si spirituel, ce peintre, digne, lui aussi, d'une meilleure renommée; l'envie, dis-je, expirant à ses pieds, sera contrainte, dans sa rage impuissante, à le proclamer le premier des peintres français, et de le faire asseoir auprès de Poussin et de Lesueur, tout auprès de Raphaël.

Déjà son école a produit des élèves qui ailleurs seraient des maîtres. Je placerai en première ligne, Lehemann, cet aimable imitateur de son chef d'atelier; Flandin, qui pense déjà, et dont les toiles portent à méditer et à réfléchir. Oublirai-je le jeune Pichon, de Toulouse, qui, trop modeste, accorde à des portraits admirables le temps qu'il emploierait à composer de vrais tableaux ; M. Pichon, si bien apprécié par Ingres, que celui-ci lui a souvent confié certaines préparations de son travail; assurément, une telle agrégation est la reconnaissance du génie naissant de M. Pichon [1].

Que je voudrais voir M. Court ne pas s'écarter des règles de la belle nature, lui dont le début fut un vrai miracle, car rien n'est beau comme son tableau *des funérailles de César;* c'est réellement une page historique empruntée aux annales de Rome. Il y a dans cette œuvre quelque chose de fier, d'énergique, une peinture neuve, qui n'est l'imitation d'aucune, qui ne rampe pas sur la trace d'autrui; on ne se lasse pas de regarder cet enfant si jeune de forme et déjà si âgé d'intelligence, que porte sa mère, si belle et si pareille aux femmes de Transtève. Et ce Brutus et ce Cassius, comme ils se retirent poursuivis de la haine publique. Avec quel mouvement est

___
[1] M. Pichon loge rue de Grenelle-Saint-Germain, n° 15. On signale, parmi ses beaux portraits, celui de mademoiselle Louise de Lam..., Lang...

peinte l'agitation naissante du peuple de Rome! avec quelle vivacité la foule environne la tribune aux harangues! Je suis persuadé que ce tableau occuperait une première place dans notre peinture moderne, s'il ne péchait quelque peu par la perspective. Il y a manque d'air. Les divers personnages, les édifices, le ciel, tout se confond ou se touche. Que M. Court travaille, qu'il médite; il y a dans lui un vrai peintre, un génie ardent qui fera l'honneur de l'école française.

Oublierai-je M. Hesse? *les funérailles du Titien*, et, plus nouvellement *les passe-temps de Léonard de Vinci;* deux tableaux si précieux par toutes les qualités que l'on exige d'un peintre habile. Marchez, jeune homme, dans cette carrière que vous féconderez; ralliez-vous au grand maître qui, au bout de six années, reviendra dicter ses lois, instruire de ses leçons et de ses œuvres ceux véritablement nourris du feu sacré.

Passerai-je aussi sous silence un tableau non encore connu, auquel M. Clément Boulanger travaille, *la procession de la gargouille à Rouen*. C'est la peinture brillante, chaude, colorée, harmonieuse, de la savante école vénitienne. Voilà comment on fait du Paul Véronèse, et non lorsqu'on le copie si froidement, si tristement dans je ne sais quelle naissance d'Henri IV. Je ne me souviens plus du nom du peintre; je ne me rappelle que trop du tableau froid et maniéré. Au contraire, qu'il y a de vivacité, de naturel, d'éclat et de lumière dans l'œuvre de M. Boulanger. Je ne doute pas qu'au salon où cette belle toile sera exposée le public ne s'y porte en foule et n'adopte cette Gargouille où le dessin même n'est pas négligé [1].

J'en dirai autant de M. Arry Scheffer, qui m'a permis de voir, ou, pour mieux dire, de méditer devant son *Christ consolateur*. O génie! que tu es sublime, comme tu sais rendre la religion aimable! Quelle piété slave respire dans cette composition céleste! elle émeut

---

[1] Rue Chabrol, n. 14.

doucement; elle arrache des larmes délicieuses à notre cœur attendri. Je me suis surpris, devant ce tableau, immobile, pensif, tout à Dieu, tout à ce Christ mort, pour les hommes, et qui, en effet, les console si bien dans leur infortune. Qu'il y a là de christianisme!!![1].

Cette merveille de sentiment me rappelle *le vœu à la Madone* de M. Schnetz, charmante production, simple, gracieuse, qui également touche, élève, attendrit l'ame. Chaque fois que je vais l'admirer dans la jolie église de Saint-Etienne-du-Mont, je goûte un nouveau plaisir, et pourtant quel rude, ou plutôt quel éclatant voisin a le tableau du peintre moderne, dans ces deux brillans et chauds l'Argillère, qui sont là ses nobles rivaux. Ces peintres de notre vieille école manquaient peut-être de ce goût par qui est l'essence de l'art; mais par combien de qualités admirables rachetaient-ils ce tort éminent.

Je voudrais prodiguer à M. Décamps les

---

[1] Arry Scheffer, rue Chaptal, n° 7.

éloges que lui mérite la magie pompeuse de son pinceau. Il y a du feu, de la vie, de l'animation, et toutefois un système malheureux nuit à cette enveloppe brillante. Ce peintre croit que toute la peinture est dans la couleur; et, satisfait de posséder à un haut degré ce point si capital, il dédaigne tous les autres. Peint-il des hommes, ce sont des caricatures; ses Turcs sont hideux à voir. Ne sait-il pas que le costume donne aux Orientaux beaucoup de majesté en voilant les défauts corporels sous l'ampleur de leurs vêtemens; que la barbe, que le turban leur prêtent un air digne et grave. les siens, franches caricatures aux membres cassés, contournés, me font l'effet des visions d'un cauchemar, et non la représentation exacte d'un peuple de l'Orient. Qui a pu distinguer quelque chose dans sa bataille des Romains et des Cimbres? et ces cadavres couchés sur l'avant-scène ne pêchent-ils pas contre toutes les règles de la nature et du goût. Je connais la Provence; j'ai foulé aussi le mont de la Victoire. Où a-t-il vu que, sous ce riche climat, les teintes du ciel soient semblables à celles de la terre. J'ai souvent vu le premier, soit dans sa pureté ordinaire, soit dans la tourmente d'un orage, soit avec la pompe du lever et du coucher du soleil. Eh bien! en ces momens, la nature prodiguait à pleines mains, sous la voûte azurée, les couleurs radieuses du prisme : c'étaient des masses verdâtres ou empourprées, des teintes oranges, violettes, lumineuses, constamment en opposition avec la terre ou sablonneuse, ou blanchâtre, ou noire, et parfois grisâtre, lorsque le rocher du fond se rapproche du sol. Je défie M. Décamps de me montrer un ciel de Provence aussi semblable à la couleur des champs que l'est le sien, dans ce tableau d'ailleurs très-recommandable par de beaux effets de lumière, par une vigueur de pinceau qu'on ne rencontre que bien rarement. La miniature a des disciples qui, chaque jour, à force d'un travail opiniâtre, augmentent de talent et ajoutent à leur réputation parmi ceux qui commencent à percer : noble récompense de leur persévérance dans l'étude. Je citerai M. Joseph Bilfeld qui, depuis trois ou quatre ans, a voulu manier la brosse, et peindre à l'huile. Le succès a couronné ses efforts, et, maintenant qu'il va dans l'Amérique montrer à ces peuples nouveaux ce qu'est l'art en France, je ne doute point qu'il ne continue à augmenter sa réputation. Il exposa, à l'un des salons derniers, une vue d'Avignon, ruisselante de lumière, très-bien en perspective. Les connaisseurs approuvèrent le portrait en pied de sa charmante fille, jouant avec un in-folio. Plaise à Dieu que la fougue de son caractère ne lui fasse pas des ennemis de tous ceux qui devraient être ses amis de cœur! Il y en a qui se vengeront par des calomnies; il y en a d'autres qui le puniront de ses torts en redoublant de bons procédés pour lui et pour les siens.

Il y a maintenant à Paris un de ses élèves, M. Andrieux [1], jeune père de famille; mi-

[1] Andrieux, peintre en miniature, logé à Paris, rue Saint-Honoré n° 256, en face du passage Delorme.

niaturiste plein de goût et de délicatesse; il dessine bien, et son coloris a la franchise de la nature. Les portraits dus à son pinceau joignent, au mérite d'une ressemblance parfaite, un faire qui laisse peu à désirer. Je suis persuadé que celui-là aussi fournira une belle carrière; il lithographie très-agréablement, et les personnes de haut rang qui l'ont employé aiment à lui rendre justice.

J'en dirai autant du peintre en miniature, M. Paul Gomieux, qui, en diverses années, a obtenu des médailles d'or aux diverses expositions, récompense bien due à ses rares qualités. Son pinceau souple, moelleux, charme par sa grace. Il est digne de parvenir à cette réputation vers laquelle chaque jour il fait un pas de plus [1].

Il y a des artistes modestes qui, étrangers

---

[1] M. Paul Gomieux, rue de Hanovre, n° 21, né à Nancy, en 1799, élève de Mansion. Il travaille dans le goût de ce peintre agréable; ses progrès ont été rapides, et il acquiert chaque jour. Il peint la miniature, l'aquarelle, et tient atelier chez lui.

aux coteries, font bien sans rechercher les éloges intéressés des journaux. Peu connus de la tourbe ignorante qui se fait une opinion de celle de la gazette du matin, ils le sont, des vrais amateurs; et, quoiqu'ils travaillent en silence, leur atelier ne désemplit pas. Je rangerai dans cette classe l'honorable et vertueux neveu d'un grand poète, de Jacques Delille, M. Vaudechamp. Celui-ci, peintre de portraits à l'huile, s'est fait dans le nouveau monde une brillante réputation, qu'il soutient dans l'ancien par des ouvrages remplis de chaleur, d'expression et de vie. M. Vaudechamp, philosophe-pratique, père de famille, bon citoyen, cher à ses amis, est digne des éloges que je lui donne, il les doit à son excellente réputation et à la vue de ses portraits. Il m'est doux d'ailleurs de rendre au proche parent de Jacques Delille une portion de la bienveillance qu'avait pour moi le sublime auteur, aujourd'hui si dédaigné, si oublié de ses ingrats concitoyens. Un jour viendra où le Français, rougissant de s'être laissé égarer par les eunuques de la littérature, par nos renards à queue coupée, reviendra vers ces grands maîtres, et, par une augmentation d'admiration et de louange, les refaire des insultes dont on les accable de nos jours. Je recommande M. Vaudechamp aux dames qui veulent à la fois être ressemblantes et demeurer jolies, double mérite que nos peintres réussissent rarement aussi bien qu'y arrive celui-là [1].

[1] M. Joseph Vaudechamp, né à Rambervilliers, département des Vosges, en 1790, élève de Girodet, et très-estimé de ce grand maître, qui, à diverses reprises, me parla de cet élève avec intérêt ; il exposa au salon pour la première fois en 1817. Le gouvernemet lui a commandé un saint Charles Borromée, pour la chapelle de la manufacture royale de Beauvais, et une copie du portrait de Bonchamp, le célèbre Vendéen, par Girodet. M. Vaudechamp a fait plusieurs voyages à la Nouvelle-Orléans, et y a laissé, à part une haute renommée d'artiste, la plus honorable mémoire comme homme privé. Puisse le succès le revenger de ses pénibles chagrins ignorés du public ! On affirme qu'il a plus d'un trait de ressemblance avec Socrate. La sœur de sa mère était la femme de l'illustre Jacques Delille. Cette dame, tant calomniée par la malignité de certaines femmes titrées, qui, tenant tripot, auraient voulu faire du grand poète, leur appeau, madame Delille s'opposait aux engage-

A côté de la peinture s'élève sa sœur et sa rivale, la sculpture; celle-ci, hérissée de difficultés matérielles dont celle-là n'a pas à s'embarrasser. Un sculpteur doit avoir plus que du génie, il lui faut de la patience, de la fermeté, du recueillement. L'œil suffit au peintre pour faire un heureux choix de toile et de couleurs; l'œil ne suffit pas au statuaire pour deviner, pour voir dans un bloc les défauts, les taches, les parties friables, cassantes, que l'extérieur ne lui décèle pas; c'est un combat continuel entre le talent et la matière, et puis la pesanteur de celle-ci ne permet pas indifféremment toutes les poses. Il en serait de flatteuses, de ravissantes, mais le marbre trop entaillé fléchirait

---

mens que prenait la faiblesse de son aimable époux, et, par vengeance, on en faisait une mégère. Paris a pu la juger après la mort du poète; magnanime et désintéressée, son royalisme refusa une pension que M. Decazes exigeait qu'elle lui demandât. Elle est morte pauvre, parce qu'elle employa sa médiocre fortune à faire rendre à Delille de pompeux honneurs funèbres, à lui ériger un mausolée monumental, et à faire graver le portrait de cet époux qu'elle ne cessa de pleurer.

sous son propre poids; enfin, il faut que, sous tous ses aspects, une figure se présente avec élégance et morbidesse; qu'aucun point de vue n'en soit désagréable. Tout ceci ajoute au labeur, et l'artiste trace avec peine un dur sillon. Ne dépend-il pas en outre de l'ignorance de son praticien? Un entaillement trop profond est peut-être irréparable. Lui-même peut-il répondre que sa main sera toujours ferme et son maillet toujours léger ? et tout cela est en dehors de l'art, de l'étude, de la nature, de la beauté des formes, de la morbidesse, de l'ensemble, de la suavité du contour.

La mode bizarre, capricieuse, en sculpture comme dans tout le reste de ses fantaisies, prend, pour ainsi dire au hasard, certains noms, les choisit parmi des égaux, les pousse en avant, les élève, les prône, leur fait une réputation. Cela tente, tandis qu'elle néglige à l'écart les dignes rivaux de ses favoris; moi, au contraire, je vais chercher les hommes habiles, modestes, qui se tiennent nonchalamment en arrière, et je me plais à les conduire au premier plan.

Là, je ferai venir Pradier, Pradier à qui il a été donné d'animer le marbre, de le modeler avec autant de facilité que si ce fût de la cire. Chaque figure pense et agit... agit et pense trop quelquefois. En effet, on a trouvé, dans le groupe *la Satire et la Nymphe*, plus qu'il ne faut de vie et d'action. Le jeune Fessard, que l'on tarde tant à mettre à sa place, possède un sentiment délicat qui fait rêver, et c'est là un triomphe. Fessard, avec des encouragemens, deviendra sans peine un savant artiste [1].

Gayrard le fils [2] marche dignement sur

---

[1] M. Fessard, n° 47 rue de Sèvres. Il est né à Paris, en 1793, et fut élève de feu Bridan, et du baron Rosio. Les connaisseurs estiment ses statues de *Daphné suppliante* et d'*Adonis*, plusieurs bas-reliefs qui décorent les cimetières de Paris, et des bustes et médaillons en grand nombre. Que le gouvernement l'emploie, ce sera une justice à laquelle le bon goût applaudira; mais que, de son côté, M. Fessard n'oublie pas que les anciens sont nos maîtres, et qu'après la nature ce sont eux qu'il faut étudier.

[2] Gayrard fils demeure rue d'Enfer, n° 66. J'apprends

les traces de son habile père. Ce jeune homme doit être satisfait de l'impression profonde qu'a produite en moi son groupe délicieux de *Daphnis et Chloé* : c'est la naïveté antique avec la pureté du dessin grec. C'est une expression si franche, si vraie, qu'elle en est admirable. J'apprends que le gouvernement vient de fournir à ce jeune génie le marbre nécessaire à l'exécution de ce groupe enchanteur. Ce sera un nouveau chef-d'œuvre qui honorera la France, cette terre classique des arts.

Son père, Raymond Gayrard, naquit à Rhodès, département de l'Aveyron, le 25 octobre 1777. Fils aîné de Jean Gayrard, fabricant

que le gouvernement, après lui avoir fourni le marbre pour son groupe de *Daphnis et Chloé*, le lui a retiré sans lui laisser l'espérance de le remplacer. C'est une nouvelle manière d'encourager les arts. Parmi les œuvres de ce jeune et déjà savant artiste, on vante beaucoup une *Vénus* couchée, un lustre avec tout le luxe du XVIe siècle, œuvre remarquable pour la fécondité de l'imagination qui l'a inventée, et pour le talent de l'exécution. J'ai vu avec plaisir la statue en bronze d'un Maillotin, celle de mademoiselle Duplessis, etc., et plusieurs médailles, qui annoncent un digne fils de son père.

d'étoffes, il aurait sans doute embrassé la profession paternelle, qui était celle de sa famille depuis plusieurs siècles, si la révolution ne fût venue renverser ce projet en détruisant leur humble fortune. Le jeune Gayrard avait un parent orfèvre; il allait souvent le voir, et à l'âge de quinze ans il s'amusait à faire chez lui, sur des métaux de peu de valeur, des essais en gravure et en orfèvrerie qui dénotaient un vif sentiment des arts, et cette flamme inspiratrice qui décèle déjà le génie développé dans sa faiblesse.

Son ignorance du dessin et les événemens politiques mirent obstacle à de si heureuses dispositions. Désespéré de la marche des choses, royaliste par instinct et craignant pour la vie de son père, il s'enrôla dans une des demi-brigades qui étaient alors à Paris, où il était venu se réfugier, car la grande révolution grondait chaude et menaçante dans son pays naturel; il se montra, dès sa venue dans cette ville, plus empressé de s'instruire dans l'art de la gravure que dans celle de la guerre, et obtint de ses chefs la permission de travailler chez un graveur en bijoux. Il avait fait déjà d'heureux progrès, lorsqu'il reçut l'ordre de partir et de remplacer le burin par le mousquet ; il assista aux campagnes des ans VI, VII, VIII et IX, fut blessé dans deux batailles, et obtint son congé à la paix d'Amiens.

Il revint à Paris, où il reprit avec nouvelle ardeur ses travaux favoris. M. Odiot, orfèvre en renom, l'occupa plusieurs années, et il était devenu l'un des praticiens les plus distingués, lorsque la mort de son père le rappela dans sa famille. Cet événement lui fut doublement malheureux. Le premier consul venait d'être proclamé empereur ; les préparatifs de son sacre faisaient rechercher tous les artistes habiles. M. Gayrard ayant fini par s'assurer une existence indépendante, aurait pu se perfectionner dans la science du dessin, but de toute sa vie. Ce ne fut que six ans après qu'il put revenir à Paris. Ainsi furent perdues six de ses plus belles années, celles où l'homme sorti de l'adolescence entre dans la maturité avec toute la force et la vivacité de la jeunesse.

Il avait, quand il put rentrer dans la capitale de la France, trente-deux ans, et s'était promis de quitter l'ornement, le bijou, la ciselure d'orfèvrerie pour la médaille. On sait s'il y a réussi. N'est-ce pas qu'il a su s'ouvrir une carrière neuve et brillante? La connaissance qu'il fit de plusieurs artistes sculpteurs, particulièrement tels que Taunay, Calama, Bosio, etc., l'aida beaucoup dans sa nouvelle et noble carrière. Trop âgé pour aller dans des ateliers où le plus jeune et le plus faible des élèves aurait été bien plus habile que lui, il se fit un atelier de sa chambre, et les trois artistes que nous venons de nommer contribuèrent, à leur insu, par leur conversation et leur exemple, à lui apprendre ce qu'il ignorait. Il portait à l'un des essais qu'il avait faits, profitait de ses conseils; montrait au second son travail amélioré, allait ensuite recevoir les avis ou plutôt les éloges du troisième.

En 1819, il se présenta à l'Institut comme

candidat pour remplacer M. Duvivier, et ne manqua sa nomination que de deux voix. A cette occasion M. Jeuffroy, qui lui avait donné des leçons de gravure en pierres fines, lui dit en sortant de la séance : « Mon cher ami, ma « mort seule maintenant vous en ouvrira les « portes. » — « Si je suis assez malheureux, « répondit M. Gayrard, pour survivre à un si « digne ami, je jure de ne pas me présenter. » Il tint rigoureusement sa promesse, quand la parque cruelle lui enleva celui qu'il se plaisait à nommer son maître; et, dans cette triste circonstance, il s'enfuit aux bains de mer de Dieppe, pour éviter les suffrages de plusieurs académiciens, ses amis. M. Richome fut nommé cette fois, tandis qu'il cheminait avec un de ses intimes, M. Auger, secrétaire-général de l'Académie française, qu'il devait avoir plus tard l'atroce douleur de perdre par un trépas volontaire, le plus funeste de tous.

A cette époque de célébrité pour notre honorable artiste, plus de cinquante médailles étaient sorties de son burin ; il était devenu si habile en cet art, qu'il faisait en quelques jours ce qui lui aurait coûté autrefois des mois entiers : cette grande facilité lui laissait la libre disposition d'un temps si précieux. Trop passionné de son art pour perdre même des minutes, il consacrait les instans dont il devenait le maître à des ouvrages de sculpture, et, en 1819, il exposa une statue en marbre, *l'Amour essayant ses traits*. Cette naïve, gracieuse et belle figure fut acquise par le roi Louis XVIII. Le prince, ami des arts et bon connaisseur, charmé de la première œuvre publique de M. Gayrard, voulut qu'on la plaçât à Saint-Cloud, où elle est encore. « Elle me rappellera votre talent, » dit-il à l'artiste; et il ajouta en riant : « Vous avez dû beaucoup aimer, pour avoir représenté l'amour avec tant de vérité. » — « Sire, repartit le statuaire, il est inné dans mon cœur pour votre auguste famille : voilà où j'ai trouvé son modèle. »

Si cette statue obtint le suffrage des hommes de goût, elle alarma trop les artistes en leur faisant connaître le nouveau et dangereux rival qui s'élevait. D'ailleurs, comme ils n'y trouvaient pas le style de convention et routinier dont l'école était imbue, mais, au contraire, l'observation fidèle de la nature, ils ne l'apprécièrent pas à sa juste valeur.

On faisait à cette époque des statues avec des plâtres moulés sur les antiques; on ne voulait pas voir le nu : on aurait craint de prendre la nature sur le fait. Je me ressouviens qu'un matin, entrant chez un statuaire en réputation, et dont mon amitié me fera taire le nom, je l'entendis disant à un modèle heureusement choisi et dont les formes étaient admirables : *Allez-vous-en, vous me feriez faire des drogues.* Puis, cet homme sorti, il m'adressa spontanément ces paroles incroyables : *La nature me dégoûte, et, si je l'avais souvent sous les yeux, je ferais de la sculpture à la Puget*[1]..... Le malheureux, comme il eût

---

[1] Pierre Puget, sculpteur, peintre et architecte provençal, l'un de nos plus grands artistes : il ne travaillait

été à plaindre ! Puis il revint à copier ses plâtres, qu'il modifiait pour déguiser la source de ses plagiats.

Ho ! David, que tu étais différent, lorsque tu me disais avec un chaleureux enthousiasme: *Monsieur, je ne voudrais pas peindre un manche à balai, si je n'avais pas la nature devant mes yeux.* Ainsi ont toujours fait et pensé les grands artistes.

Si le premier travail en marbre de M. Gayrard ne reçut pas l'accueil qu'il méritait de certains faiseurs de l'époque, tous n'eurent pas pour lui la même sévérité. Carle Vernet, un de nos meilleurs peintres français de l'école moderne, disait à Gros, qui en était la gloire, en parlant de cette jolie figure : *Quel dommage qu'elle ne soit pas debout, pour en mieux voir le développement des formes.* Quelque temps après, et sans se décourager, l'artiste habile fit *Sanson, vainqueur des Philistins*, statue colossale, où une

que d'après nature. Né en 1622, il mourut à Marseilles en 1694.

nature ferme, puissante et noble, est observée et rendue avec une fidélité scrupuleuse.

A la suite de ces deux ouvrages et en raison de tant de médailles, de pièces de bijouterie précieuses et de hauts reliefs, M. Gayrard parut le rival de Bevenuto Cellini, le célèbre Florentin. Il reçut du gouvernement la commande d'un des bas-reliefs qui devaient décorer l'église de Sainte-Geneviève. Ce bas-relief, destiné au dessus d'une des portes latérales, composé de vingt-deux figures, représente Saint-Germain annonçant les destinées futures de la sainte. On l'exposa au Louvre, en 1829. Le sentiment vrai et ferme de cet ouvrage le fit remarquer des amateurs comme des artistes; néanmoins quelques uns, butés à ne rien voir de bon hors de leurs ateliers et si l'objet n'était imité des bas-reliefs antiques, crièrent au romantisme ; aujourd'hui la nouvelle école reproche à M. Gayrard son classique. Tel est le sort de l'homme de génie, qui n'a point de système et qui s'en tient aux principes si bien définis par Bossuet : L'ART, C'EST LA NATURE IMITÉE EN BEAU.

Une révolution survint ; elle renversa un trône, elle déposséda Sainte-Geneviève de son église, elle enleva au bas-relief dont il s'agit la place qui lui était destinée par les convenances et le bon goût. Après la révolution de juillet, quand le nouvel inspecteur des beaux-arts se rendit auprès de M. Gayrard pour lui porter cette fâcheuse nouvelle, il lui dit en forme d'adoucissement: *Vous aurez droit à une indemnité, fixez-en le prix, je le ferai connaître au ministre.*

M. Gayrard déclara que le seul moyen d'indemniser un artiste, c'était de lui confier d'autres travaux : un entier abandon devint sa récompense.

L'ancien gouvernement, qui se plaisait à encourager les grands talens, avait commandé aussi à celui-là deux statues colossales destinées à orner l'entrée de la chambre des députés: elles devaient représenter la *Restauration* et l'*Hérédité*. La première était faite, la seconde était près de l'être ; je doutais que l'allégorie de ces figures pût être clairement rendue. Quand je les vis, je reconnus que rien n'est impossible à l'art : douée d'une imagination brillante, la *Restauration* revenait placer l'oriflamme sur le globe de la France, en déposant sur l'autel la Charte constitutionnelle ; *l'Hérédité* laissait échapper d'une main un flambeau fleurdelisé qui venait de s'éteindre, tandis que, de l'autre, et avec enthousiasme, elle en élevait un second d'où s'échappait une vive lumière, emblème ingénieux qui semblait dire : *le Roi est mort, vive le Roi*. De tels ouvrages auraient suffi à compléter la réputation d'un statuaire.

Il fallait pourtant renoncer à ce bel et heureux travail ; ici encore on proposa une indemnité : ici même réponse, ici pareil oubli.

En 1829, le gouvernement avait ouvert un concours pour le fronton principal de la Madeleine ; vingt-six concurrens firent des esquisses : six furent admis à présenter des modèles de demi-nature; M. Gayrard fut de ce nombre. Son sujet ne pouvait être choisi par les juges du concours, c'était *la Madeleine présentant à notre Seigneur Jésus-Christ les ames des victimes de la révolution,* c'est-à-dire que la famille de Louis XVI était en première ligne. MM. Pradier, Le Maire et Gayrard obtinrent seuls les suffrages; le second eut le plus grand nombre de voix, et cet important travail lui fut confié. La famille royale décida que la composition de M. Gayrard serait exécutée sur le fronton de derrière du temple saint, vis-à-vis le monument expiatoire de la rue d'Anjou.

Certes ce n'était la révolution de 1830 qui voudrait faire exécuter ce bas-relief, si chrétien, si français, si royaliste. C'était alors l'époque où l'on demandait au sculpteur David cette saturnale du Panthéon, qui aujourd'hui fait rougir, et que l'artiste maintient avec raison, parce qu'on l'a adoptée, et parce qu'elle est l'expression de son opinion politique. Plaignons-le et ne le blâmons pas, ce n'est pas à lui qu'est la faute, mais à ceux qui ont préféré à un temps de leur vie l'inauguration des bourreaux à celle des victimes.

Cette fatale révolution fut de toute manière funeste à M. Gayrard. Elle lui enleva ses pensions, ses places, ses travaux, et ne lui rendit rien en échange. Ce fut avec le ciseau et le burin qu'il chercha des consolations; il exposa, en 1832, une statue en marbre, de *sainte Madeleine*, qui lui valut de nouveaux éloges. Les hommes de goût prétendirent qu'elle pouvait être regardée après le chef-d'œuvre de Canova [1]. Cette figure ne lui ayant pas été achetée encore comme il avait droit de l'espérer, et n'ayant plus les ressources qui lui étaient nécessaires pour se livrer à des études qui lui coûtaient si cher, il se vit obligé à mettre plusieurs objets d'art entre les mains d'une personne qui lui fit des avances.

Un chef de bureau au ministère de l'inté-

---

[1] Canova a, parmi ses chefs-d'œuvre, une *Madeleine*, miracle de l'art; on peut aller l'admirer chaque vendredi, à Paris, rue Basse-du-Rempart, hôtel Somariva, le deuxième en entrant par la rue du Mont-Blanc.

rieur, ami des arts, auxquels il consacre ses loisirs, et dont le talent en peinture est assez grand pour qu'il pût prendre rang parmi les artistes distingués (M. Dumont : tout le monde l'a nommé), saisit un moment favorable pour faire rendre justice à M. Gayrard; il proposa au ministre, M. d'Argout, de changer les statues de *la Restauration* et de *l'Hérédité* en celles de *la Liberté* et de *la France constitutionnelle*. Cette idée et la proposition que fit l'artiste d'aller dans les Pyrénées ébaucher les statues, pour en faciliter le transport, obtint l'assentiment du ministre. Depuis, à la place de la Liberté on mit *l'Ordre public*.

Je devrais citer parmi les ouvrages importans de cet artiste un *Christ à la colonne*, un *Christ portant sa croix*, statuettes délicieuses de pensée, d'expression et de faire ; une belle et noble Diane chasseresse; plusieurs statues et groupes charmans d'enfans. Je signalerai *le Génie de la gloire*, *le Génie de l'étude*, etc.; une foule de bustes, de médaillons admirables par la science anatomique, la fermeté suave du ciseau, la grace de l'engencement, la noblesse vraie et naturelle des physionomies, embellies souvent et toujours d'une ressemblance scrupuleuse et fidèle.

Il faudrait décrire également la foule de médailles qui ont donné à leur auteur le premier rang dans cette partie importante de l'art : celles de M. Gayrard rappellent, par la pureté de la taille, les célèbres médailles syracusaines et de la grande Grèce : une telle supériorité, que nul ne contestait, porta le roi de France (avant 1830), à nommer M. Gayrard graveur du cabinet de sa majesté, simple légionnaire, non encore de l'Institut. Il attend de toutes façons le jour de la justice.

J'ai trouvé du plaisir à peindre, d'un pinceau fidèle, un artiste aussi recommandable que celui-là, homme ferme et d'industrie, excellent père de famille, citoyen estimable, artiste illustre. Il a eu souvent à lutter contre la mauvaise fortune, n'a jamais été vaincu par elle, et l'a domptée toujours. Je désire qu'il trouve, dans ces lignes dictées par l'équité, l'expression de mes sentimens et surtout de mes convictions.

Rarement aussi les journaux rendent à M. Lange, Toulousain et sculpteur, l'hommage dû à ses longs et honorables travaux. Chargé, depuis environ trente ans, de la restauration des antiques de notre Musée royal, il a porté à ce travail consciencieux un vrai talent souple, ferme, flexible. On le voit saisissant avec exactitude l'esprit et le sentiment de l'objet dont il doit compléter la renaissance ; son goût exquis, la pureté de son burin, ne le rendent que bien rarement inférieur à son modèle ; il n'a pas toujours restauré. On cite de lui et avec applaudissement *Esculape enseignant l'étude des simples; Bacchus; le Printemps; Anacréon et l'Amour; Pluton triomphant*, etc. ; statues ou groupes; ainsi que le mausolée de Lucas, son maître et son mari; les bustes de *Colbert*, de *Mènage*, de *Jupiter*, etc.

XIII.

L'hôtel d'Angleterre, rue Jacob.— Madame Contou. — Des portiers comme on en voit peu. — Le traiteur, M. Lacaille, qui fait revivre l'illustre Carême.— Le café de Londres. — MM. Valery et Soumet, anecdote à deux périodes. — Description du Jardin des plantes.— Barbarie de ses administrateurs envers un chef-d'œuvre de sculpture. — Que les Français ont peu de goût ! et anecdotes à l'appui.

Je m'applaudis tous les jours d'être venu prendre gîte à l'hôtel d'Angleterre, rue Jacob, n° 22; outre le confortable de la maison, l'élégance du mobilier, la bien tenue des communs, la propreté des escaliers et de la cour, le petit jardin dont nous avons tous la jouissance, ajoute aux agrémens de cette maison. La propriétaire, madame Comtou, vétéran parmi les maîtres d'hôtels garnis, s'est faite une réputation européenne par son obligeance, ses soins, ses égards envers ses locataires; gracieuse, facile, prévenante, elle attire la foule, et Dieu sait les grandes familles qui, tour à tour, sont devenues ses hôtes! Le fameux et justement célèbre baron de Humboldt, le cardinal Maury, M. de Boulogne, évêque de Troyes, la comtesse Potoska, le prince Berwerstinsky; puis, les Corbière, les Chavagnac, les Belarbre, les Rohan, les Clermont, de Bernis, les Goyon, les Saint-Aignan, les Langon, les Lormian, les Dampierre, les Mac-Mahon, les Saint-Aulaire, les Lamoignon, madame de Virieu, née princesse des Deux-Ponts (Bavière), les Chantelauze, les la Toison-Roche-Blanche, etc., etc., viennent habituellement dans un logis où, jusqu'aux portiers, ce brave soldat qui a fait toutes les campagnes de l'Italie, de l'Égypte et de l'Allemagne.

M. Forel, si digne de cette croix d'honneur obtenue par tant de négocians, au bout de deux mois de patrouille; et sa femme, madame Forel, aimée, estimée de tous les locataires qui apprécient l'avantage de trouver, dans ces premiers officiers d'un logis, des qualités précieuses de probité, d'affection et de délicatesse, que l'on ne rencontre pas toujours dans des rangs plus élevés.

Tout est aux alentours en rapport avec la tenue de l'hôtel d'Angleterre : citerai-je l'excellentissime traiteur et chef de cuisine, M. Lacaille, rue de Seine-Saint-Germain, n° 57; lui, élève et successeur du grand Carême, qui, en mourant, lui légua son bonnet de coton, ainsi qu'Élie en fit de son manteau à Élysée. La cuisine de M. Lacaille est raisonnée; toujours soutenue à une succulence parfaite, j'ai entendu son éloge sortir des *gueules* si érudites, si connaisseuses, si savantes en gouinfrerie, de l'illustre Grimod, de La Reynière et de l'héroïque et culinaire marquis de Cussy, ex-préfet du palais impérial; enfin, et pour tout dire, le docteur Roque lui donne pareillement son suffrage, ce médecin si consolant au lit d'un malade! et si aimable à un banquet médité! Ce traiteur fournit ostensiblement ou en secret les meilleures tables du noble faubourg; et qui a tâté du produit de ses fourneaux ne peut lui être infidèle. Père, d'ailleurs, d'une charmante famille qu'il élève dans les bons principes, ses garçons, encore émules de leur maître, se recommandent par leur politesse et leur propreté.

Le café de Londres, qui fournit mon thé et mon café, me procure encore des jouissances gastronomiques, à cause de l'excellence des matières qu'on y confectionne. Là, tout est de première qualité, et l'on tient à voir revenir les passans alléchés par des breuvages dignes de l'ex-nectar et de la classique ambroisie.

L'hôtel d'Angleterre confine au Luxembourg jardin et galerie; au théâtre de l'Odéon, au Musée du Louvre, aux belles bibliothèques de Mazarine et de l'Institut, au riche cabinet de livres du roi, où préside M. de Jouy, avec autant d'instruction que feu M. Valéry, et avec moins d'enthousiasme peut-être; les Tuileries, le Palais-Royal, les Français, par conséquent le Vaudeville en outre; puis, presque tous les ministères sont les voisins de notre hôtel. Je doute qu'on puisse en citer beaucoup qui, aussi heureusement situés, présentent de pareils avantages.

Et puis ce palais des arts qui s'élève à notre porte! cet Institut où tant de causes attirent les amateurs! l'hôtel de la Monnaie, les quais, que sais-je encore! Aussi je ne cesse de m'écrier avec le comte de Saint-Germain et le baron de L..... : *Vive la rue Jacob et l'hôtel d'Angleterre!*

M. Valéry, que je viens de nommer, était jadis, en sa qualité de bibliothécaire du cabinet des livres du roi, le chef de toutes les autres bibliothèques de Versailles, Saint-Cloud, Rambouillet, Fontainebleau, etc. M. Alexandre Soumet, nommé bibliothécaire à Rambouillet, dut être présenté par son chef au ministre de la maison du roi ou à son ayant-cause. La chose avait lieu lorsque M. Valéry, dans une excellente intention sans doute, mais que la circonstance venue depuis a rendue piquante, prenant à part le haut personnage, se mit à excuser M. Soumet de ses poésies impériales; le poète de Castelnaudary l'ayant entendu, et étant alors animé d'un aussi fervent royalisme que son supérieur, s'avance, et aigre-doucement remercie celui-ci du bon office qu'il lui rend, mais dont il n'a pas besoin, vu l'amour qu'il porte à la race de saint Louis, d'Henri IV et de Louis XIV. L'autre, à son tour, fit valoir son séidisme : ce fut une noble émulation de tendresses légitimistes. Je voudrais bien savoir si, depuis 1830, M. Valéry avait eu à présenter l'harmonieux auteur de Clytemnestre, de Saül, d'Élisabeth, etc., s'il ne l'excuserait pas doublement.

Parmi les monumens dont Paris tire sa gloire, le Jardin des plantes me semble le plus digne de fixer les yeux de l'étranger instruit.

Ce palais superbe, érigé à la nature, sous les auspices de M. de Buffon, parvient de jour en jour à une splendeur dont on ne peut se former une idée; il faut l'avoir parcouru pour bien l'apprécier : on a, depuis ces dernières années, poussé si loin les constructions, élevé tant de merveilleux édifices! Ici sont d'immenses pavillons tout en glaces, de proportions gigantesques, serres colossales, où les plantes de l'Inde, de l'Amérique, du Sud, du Tropique croîtront et se développeront dans leurs proportions gigantesques; l'air, le jour, la lumière, la chaleur y pénètrent de tous côtés : c'est jouer le plein vent à tromper la nature.

Plus loin, voici un palais bâti pour les singes; édifice léger, riant, demi solide, demi aérien; le fantastique y a sa place. On exprimerait mal l'ensemble de ces loges élégantes, bien appropriées, contournées en demi-lune, et enfermant à moitié une rotonde toute en fer de fonte, immense grillage avec des galeries légères, aériennes; des colonnettes sveltes, où flottent des cordes en façon d'échelles ; et puis ce beau parquet en marbre de rapport, à jet d'eau en mouvement sans cesse ; et puis ces grands arbres qui recouvrent tout le bâtiment, dont les branches descendent à la portée des macaques, de manière parfois à leur laisser croire qu'elles vont rentrer enfin dans leurs vieilles et vastes forêts.

De là on passe au monument massif où logent presque ensemble les deux colosses de la création; l'un, aux formes élégantes, gracieuses, souples à l'œil, charmant, à la peau luisante, si riche de couleur et de mouchetures, la girafe ; l'autre, tout en force, en pesanteur, en énormité ; monstre effrayant par sa structure lourde et raboteuse, et remarquable par la vivacité de son imagination, l'étendue de son intelligence et la chaleur de ses sentimens : l'éléphant.

Autour et dans la vallée suisse, on rencontre la brillante et gaie faisanderie, où l'on a rassemblé les merveilles de la nature, dans les races diverses des faisans, des perroquets, des paons; et puis cette multitude de cabanes, si pittoresques de forme, de matière, de construction; ces quarante prairies où courent, ruminent, combattent, aiment, se reposent, cette variété d'animaux des cinq parties du monde, où les pesans volatiles ne sont pas oubliés; depuis le zèbre jusqu'au kangourou phénomène; depuis l'autruche majestueuse jusqu'au hideux casoar. On peut les suivre de l'œil, les étudier dans leurs goûts, leurs habitudes, leurs manies, leurs amours, leurs repas, occupation à la fois innocente et profonde, qui attache l'entendement sans jamais tourmenter le cœur; science facile à apprendre, car on peut la saisir dans le livre vivant de la nature.

Entendez-vous rugir ces lions, glapir ces renards, ces hyènes, hurler ces loups, meugler ces ours, râler ces tigres altérés de sang? Voilà que la foule se presse; elle veut assister au festin sanglant de ces bêtes féroces! les jolies femmes ne se détournent pas avec horreur, à la vue de ces baquets servis de chairs palpitantes, sanguinolentes encore! Oh! la fétide odeur! le dégoûtant spectacle! mon odorat, ma vue m'en éloignent; mais là aussi et plus tard je reviendrai saisir la nature sur le fait.

Vers une extrémité apparaissent ces galeries sans nombre, ces amphithéâtres, ces cabinets remplis de tout ce que les trois règnes de la nature présentent de curieux. Là, l'étude de cette grande science est complète; chacun de ces édifices renferme des trésors inestimables; ce serait folie que d'en donner seulement l'aperçu, à cause de sa gigantesque immensité.

Mais quel est ce nouveau temple, avec ce double portique, dont l'étendue est si démesurée? C'est le sanctuaire où l'on compte réunir les trésors minéralogiques. Là, on reconstruira ces monstres antédiluviens, reconnus par l'immortel Cuvier qui, par ses découvertes éminentes, a pris une place importante dans les prodiges de la création. Son génie ardu, puissant, inventif, a rendu à la nature ces énormes enfans sortis les premiers de son sein fécond, et dont elle-même avait oublié l'existence et perdu le modèle ; ce mamouth, ce mastodonte, ce mégalonix, masses effroyables devant lesquelles l'éléphant, le rhinocéros, l'hippopotame, le crocodile, sont de gentils nains; nous allons les voir dans leur ensemble, dans leur stature complète, et l'homme si chétif frémira d'étonnement à l'aspect de ces êtres qui, peut-être, habitèrent le monde avant la naissance d'Adam, et de sa postérité.

Je n'ai pas encore parlé de ces beaux parterres, de ces frais ● vastes quinconces, de ces allées interminables, si touffues, si dérobées au soleil par la vigueur des arbres énormes qui les dessinent, et cette double montagne, ce riche, gracieux et svelte belvédère de bronze qui domine l'amphithéâtre de Paris et d'où l'œil ébloui embrasse un horizon presque sans borne.

On va ajouter au jardin actuel un très-grand espace de terrain, naguère occupé par des chantiers. Cette augmentation complètera le carré géant que forme cet établissement unique et modèle. Il s era circonscrit dorénavant entre les rues Saint-Victor, de Seine, Buffon et la place d'Austerlitz, ou le quai Morand. Il y aura loin de cette surface à ce premier et étroit jardin du roi; mais si heureusement placé dans un lieu où l'accroître était si facile, qu'on ne peut douter qu'à sa naissance on n'eût déjà le projet de le porter au point où il est enfin parvenu.

L'économie la plus sévère préside à l'administration de cet établissement, sans pour cela en avoir exclu une munificence véritablement royale. Tout est beau, solide, élégant et de durée au jardin du roi; mais en même temps des yeux éclairés président aux marchés, aux adjudications, aux fournitures. La sévérité, le désintéressement, sont l'apanage de ces hommes de haute science ; ils savent que la somptuosité doit signaler l'action du souverain, et en même temps qu'il convient à des personnes probes et instruites de ne rien faire à la légère et de ne pas se laisser piller par d'audacieux entrepreneurs.

Je ne blâmerai qu'un seul fait dans tout l'ensemble du Jardin des plantes, c'est l'abandon honteux et humiliant pour les arts dans lequel on laisse en plein air, exposé à l'action du soleil, de la pluie, du vent et du froid, un délicieux morceau de sculpture bizarre dans sa composition, maniéré dans le faire, mais admirable de beauté dans les détails : c'est une table avec des pieds à jour, contournée à la Louis XV. Elle supporte un groupe de deux enfans jouant avec une chèvre, tandis qu'une vigne chargée de ses grapes a saisi les pieds; les rebords, le dessus même de la table, tout cela est taillé, creusé, nervé, modelé en plein marbre blanc avec un art, un goût, une science, une morbidesse incomparable; c'est digne d'orner un palais, un noble musée. La chèvre est si naturelle; les enfans sont de la chair; ils rient si gracieusement. Je le répète, c'est un chef-d'œuvre. Eh bien! on l'a dédaigneusement jeté contre une charmille, sans même le mettre d'aplomb ; la poussière le dévore. Il est couvert de boue, de fucus, de débris d'herbes, de feuilles pourries ; cet abandon fait mal au cœur ; il prouve ou tant d'inertie, ou tant d'ignorance ; il console les étrangers, car il est là en preuve éclatante de l'indifférence de fond et positive que les Français portent aux arts. Ce n'est pas dans ceux-ci le beau vrai qu'ils aient, mais celui qui est à la mode ; or, comme personne ne parle de ce morceau capital, on l'oublie, on le délaisse, et nombre de fois un des messieurs du jardin du roi a passé devant lui et craché sur lui en méditant un article sur les arts, où il demande au gouvernement une forte somme destinée à la restauration de quelque gothique insignifiant dont parlent nos *bas-bleus*.

Les Français en masse n'ont pas de goût; ils ont des gens de goût, mais en petit nombre, et encore tellement circonscrits dans leur sphère intellectuelle, artistique, que c'est pitié. Presqu'aucun de leurs hommes de lettres ne se connaît en tableaux, en sculptures, en monumens architecturaux. C'est pitié que de les voir meubler leur maison; des croûtes, des magots, des colifichets, des gravures dites de fantaisie y abondent; si par cas on y rencontre une pièce capitale, croyez bien qu'elle est là à l'insu du propriétaire; s'il en soupçonnait la valeur, il s'en déferait en grande hâte pour se faire des capitaux.

J'ai vu l'excellent P.... G... ayant reçu, en présent du roi de Suède, un superbe vase de granit, ne s'occuper, jusqu'au jour de sa mort, que du moyen de vendre *à bon parti* ce cadeau honorable.

J'ai eu à souffrir le supplice d'être promené pendant des heures entières devant d'horribles galettes que M. de J... voulait me dire des Reniers et des Rambrant. J'ai vu M. Guyrand de l'Académie française acheter cinquante sous un tableau qui en valait bien trente, représentant certains moines, et m'assurer gravement que c'était un Corrége ou un Rubens, et vous savez comme ces grands coloristes se ressemblent.

Des enseignes à bière, des portraits faits par des balayeurs de rue, des bustes modelés par d'inhabiles ciseaux, sont effrontément mis aux places d'honneur. Je citerai à ce sujet un certain portrait du tragique Renouard qui a toujours désopilé ma rate, quand j'étais contraint de jeter les yeux dessus. Quoi, l'on va prendre tant d'artistes inhabiles, quand on a MM. Court, Schenets, Scheffer, Pichon, Cazeneuve, Andrieux, Fessard, Gayrard le fils, etc. Je ne nomme pas ici les maîtres hors de ligne, dont le talent est toujours payé cher, et encore parmi ceux-ci, à quelque prix qu'ils vous en demandent; n'est-ce pas toujours être peint ou sculpte à bon marché, que de l'être par Ingres, par Gérard (¹), par Gayrard ou Pradier, etc.; mais non; les hommes d'esprit qui, en France, sont presque tous riches, comme ils manquent de goût, préfèrent le bon marché au bon et au beau.

¹ Il vivait encore quand ce chapitre a été écrit.

XIV.

Le jardin des Tuileries et son palais, égorgés par M. Fontaine, dit *architecte*. — Rappel de quelques grands noms français, anciens et modernes. — Madame la duchesse d'Abrantès, et à propos d'elle un mot touchant les feuilletonistes de *la Quotidienne*. — Du pseudonyme Théodore Muret. — Madame Armande Roland.—Madame la comtesse Alida de Savignac. — Madame Ancelot.

Je sors du jardin des Tuileries, de ce *tohu bohu* Fontaine, je n'ajouterai pas et Perrier, comme autrefois, car celui-ci a, par pur bonheur pour la gloire, rompu, au moyen de la mort, une fraternité qui serait devenue déshonorante. Une male-rage contre ces admirables

Tuileries s'est emparée de M. Fontaine, et, par malheur, il a trouvé un usufruitier obéissant, maître de détruire, de gâter la belle, la noble, l'imposante demeure de nos rois; lui alors s'est rué contre avec une fureur désespérante.

Il existait en Europe un modèle de jardin royal, ensemble merveilleux, dont le génie avait tracé chaque partie. Du pied de la porte du château, l'œil contemplait un parterre ravissant d'élégance, de netteté et de grandeur, richement peuplé de statues disposées avec goût et non entassées comme maintenant, à la manière d'un magasin. D'un côté, on découvrait le mouvement animé de la rue de Rivoli; de l'autre, l'espace borné par une large terrasse, vaste piédestal supportant une file d'opulentes statues de bronze; en face, au delà d'une double terrasse (la seconde creusée d'un seul degré), des croix de Malte, dont le centre était marqué par un gracieux bassin, satisfaisait par la riche parure de leurs pelouses, de leurs somptueuses plates-bandes de fleurs.

Le bois, au loin, à distance savamment calculée, élevait son double portique de verdure, dont une obscurité fraîche augmentait le charme; là, des cirques, addition de l'époque du directoire, ornaient avec goût l'étendue du double bocage; eux encore parés de grands siéges circulaires de marbre blanc; et d'autres statues aussi ménagées dans leur nombre, entre lesquelles brillaient de radieux tapis de tulipes, d'anémones, d'œillets, d'amarante, etc., selon la saison.

Enfin, l'ancien palais si mignon, si élégant, si bien coupé, avec les deux pavillons lestes, sveltes, gracieux, avec ses deux terrasses, ses portiques inférieurs, ses deux gentes ailes enfoncées et d'autant pures dans leur coupe, un escalier sans pareil pour sa grandeur, sa rampe, sa décoration noble et simple; hé bien! rien de tout cela n'existe maintenant. Tel que les Harpies infectaient la table du roi Phiné, de même, M. Fontaine s'est rué sur ce palais de Philibert de Lorme et de Jean Bullet, et comme dit l'épigramme d'Arnaud sur Marmontel :

> Et sur les perles de Quinault
> Le vilain a fait des ordures.

Le *gent* palais a disparu. Adieu les terrasses, les renfoncemens si amis de l'œil; une masse lourde, sans symétrie, bien que copiant l'ancienne, parce qu'elle n'est pas à sa place; c'est à présent une carrière de pierre démesurée, lourde, grossière, trop vaste, et qu'achève de rendre hideuse la suspension du travail, qui laisse, depuis plusieurs années, en parallèle désespérant, d'un côté, la composition sublime des vieux architectes, et, de l'autre, celle si dégoûtante de M. Fontaine.

Mais qu'est cette profanation auprès de celle qui a eu lieu envers le bel escalier; celui-ci plaisait tant, qu'il en était insupportable à M. Fontaine; aussi, dès qu'il en a eu le pouvoir, il s'est hâté de le détruire, de le faire disparaître entièrement. Naguère, le rez de chaussée des Tuileries semblait fait pour l'escalier; celui-ci, placé au centre du bâtiment, à la suite du vestibule vaste qui, le précédant, l'annonçait avec majesté; les grandes portes y conduisaient aussi, et là certes n'était pas le défaut si commun aux constructions modernes. On n'avait pas de la peine à trouver l'escalier; on ne le cherchait pas çà et là dans un coin écarté, il se présentait tout d'abord et formait la partie majeure du rez de chaussée.

Aujourd'hui on arrive au pavillon de l'Horloge, on ne voit que des portes fermées, et des sentinelles partout ; mais l'escalier, où est donc l'escalier? Est-ce celui du pavillon de Flore, ou du pavillon de Marsan, y en a-t-il un troisième? on achève ce monologue et on poursuit la recherche. Votre inquiétude frappe la surveillance des nombreux observateurs en station dans le lieu ; l'un se détache du groupe, rode autour de vous, et finit par vous questionner. Il sait ce que vous voulez, mais il vous faut faire connaître, et, quand son regard vous a déshabillé, sondé, fouillé, il vous fait signe de le suivre, et vous conduit à l'écart, dans une des ailes latérales; là, tout caché, s'élève un escalier bourgeois, étroit, raide, mal dessiné, mal coupé, mesquin, échelle de Jacob, sauf qu'elle ne conduit pas au ciel, espace étriqué, étrange, ridicule où triomphe le mauvais goût, et où l'on ne s'étonne pas de ses défauts quand on apprend que c'est l'œuvre de M. Fontaine.

Voilà pour le palais; quant au jardin, il a eu sa part du sacrilége : il n'y a plus un parterre symétriquement tracé, mais des portions vagabondes, déliées, chercheuses, criardement enchevêtrées les unes dans les autres : un gâchis, un *pasticcio* où l'on reconnaît à peine l'œuvre de Le Notre; ce bois qui trop rapproché n'est plus en perspective convenable, ses cirques regrettent leur statues, la terrasse de l'eau, dépouillée des siennes, semble être sans but puisque les œuvres de sculpture manquent au démesuré piédestal.

A gauche, voici sous les fenêtres du château deux langues de terre séparées par des fossés de guerre, un parapet, des grilles, du reste du jardin ; l'œil les transforme en retranchemens, en redoutes, en ligne militaire, veuve momentanément de ses bouches à feu, mais patience, que Paris se mutine, et ces bastions déguisés seront garnis de tonnantes colonnes d'airain, et bien on fera.

Là est un fouillis, un chaos, un pêle-mêle de vases, de bustes, de statues de marbre et de bronze, d'orangers, de plates-bandes, de fleurs, de bordures, de gazon, de chemins de sables, d'arbres nains; le tout sec, mesquin, rabougri, absorbé par l'entassement des dieux; des déesses, des bergers, des bergères ; on ne peut s'empêcher de croire qu'enlevées de leurs places *après décès* ou *par autorité de justice* pour être vendues au plus offrant et dernier enchérisseur. Hé, mon Dieu ! si on en offrait un bon prix........ et si le roi Philippe était mauvais voyant.........

Tout, dans les Tuileries restaurées, ou plutôt détruites à la manière Fontaine, me choque et me blesse. Pourquoi cette rangée et ce plantis çà et là de grands hommes de l'antiquité? Et que nous font les Périclès, les Philoppémen, les Phidias, les Spartacus, les Cincinnatus? Pourquoi cette manie de reculer de nos regards les héros, les grands génies anciens et modernes du pays. Qui n'aimerait pas mieux voir là Duguesclin, Jeanne d'Arc, Turenne, Kléber, Corneille, Molière, Racine, La Fontaine, Poussin, Voltaire, Pascal, Montesquieu, Buffon.

Quand voudra-t-on que le Français soit de son pays? N'est-il pas ridicule, extravagant même, de poser l'intègre romain à côté de tant d'avidités actuelles? Que fait Spartacus rompant ses chaînes, lorsqu'on comprend la nécessité de reconstituer la société?

Les Francs ou Gaulois actuels, si oublieux des gloires, reculées seraient enchantés que l'on multipliât à leurs regards les Custines, Rochambeau, Marceau, Hoche, Championnet, Bonaparte, Masséna, Soult, Davoust, Caffarelly, Desaix, Dupuis, Verdier, d'Hautpoul, Colbert, Saint-Hilaire, Murat,

Montebello, Junot, les Kellermann, père et fils, héros qu'il ne faut pas séparer, et dont le petit-fils se montra si digne de continuer la race; les Richepanse, autre suite d'Achilles, les Larochejaquelins, les Bonchamp, les Cathelineau, les Lescure, etc. Car enfin ceux-là aussi furent sublimes, et Louis XVIII, sa Charte à la main, et le martyr Louis XVI en posture de pardon, et les vierges de Verdun, et la sainte madame Elisabeth. Carnot, dont il faudrait reculer la statue de celle de ses victimes, et qui, à force de qualités civiques, fait tolérer le crime, erreur de son fanatisme; et que de sang-froid il dut toujours déplorer Cuvier, Chaptal, Lanjuinais, Boissy d'Anglas, Cazalès, Mirabeau, son terrible adversaire, l'abbé de l'Épée près de saint Vincent de Paul, et ayant en pendant l'abbé Sicard, les frères Chénier, Camille Jordan, Charlotte Corday, madame Royale, autre Jeanne d'Arc qui n'a pas manqué à la fortune, mais à qui la fortune a fait défaut; madame de Staël, cette femme-homme de l'époque, la sœur Marthe, car les vertus modestes et si chaleureuses sont dignes aussi de l'apothéose nationale, et Delille, Chateaubriant et Bernardin-de-Saint-Pierre, et Gérard, et Gros, et Guérin, que sais-je encore ? et la science si féconde en puissans *génies* et les lettres, les arts, l'industrie ; la France est inépuisable d'hommes dignes d'être offerts à la vénération nationale.

Ce texte si patriotique, il faut l'entendre commenter par une des femmes les plus aimables de ce siècle, et dont le nom passera certainement à la postérité, si l'esprit fin et observateur, le style élégant et facile, la variété et l'intérêt du récit, ne passent pas de mode à Paris, où il ne faut jurer de rien. Madame la duchesse d'Abrantès, née de Permon-Comnène, a la palme certainement dans la partie si difficile des mémoires. Bien placée pour voir bien, elle a bien vu ; rien n'est à condamner dans tout ce qu'elle dit de l'époque de la république et de l'empire. Pourquoi des amertumes, des passe-droits injustes; un oubli blâmable envers une dame si haut placée, une sorte d'héroïsme qui consiste à venger ses anciens amis des dédains maladroits, des inputations calomnieuses sur un héros et ses nobles et vaillans amis? Pourquoi, dis-je, son amour-propre ou son enthousiasme blessé, lui ont-ils inspiré sur la restauration, sur certains de ses personnages, quelques phrases si contradictoires avec sa délicatesse, son goût pur, son ton exquis, et que certainement son cœur si bon, si parfait, lui reproche sans doute? car elles manquent de bienveillance et de vérité.

Au demeurant, les feuilletonniers de la Quotidienne, qui se disent *gens de lettres* [1],

---

[1] Voir un feuilleton bien ginguet de ce journal, du 17 ou 18 octobre 1837, et signé Théodore MURET, honorable obscurité qui ne s'est pas plus fait connaître en se nommant que si elle eût gardé l'ingognito. J'ai demandé aux *gens de lettres* et aux littérateurs si cet auteur avait laissé trace dans leur mémoire : la réponse unanime a été négative. Le vicomte de L... croit que c'est un pseudonyme caché sous l'assemblage de ces treize lettres : je pense comme lui.

oubliant ces égards que l'on doit à une femme, lui ont répondu en ce style de halles et de cuisine qui leur est si habituel. Pauvres gens, qui font maladroitement du royalisme avec des phrases de jacobinaille, qui outragent une dame malheureuse, fière malgré sa naissance, ou mieux à cause de celle-ci, de porter le nom d'un héros, et qui combleront de louanges, dans la royale Quotidienne, les écrivains républicains, juste-milieu, et leurs productions, où l'on attaque notre religion, notre foi royaliste, sans pour cela respecter mieux les bonnes mœurs. Oh! maison de Bourbon, si trompée! comment es-tu défendue?

Les aboyeurs de madame la duchesse d'Abrantès n'enlèveront pas à ses Mémoires le mérite si rare, si piquant, de la curiosité satisfaite, de l'abondance des anecdotes, de leur véracité, l'originalité du style, et jusqu'au charme naïf des divagations si naturelles et qui toujours atteignent un trait vif, saillant, inattendu.

Vous oublierai-je aussi, madame Armande-Roland? si digne de vous placer à côté de votre homonyme par vos talens, votre patriotisme, votre amour ardent de la famille. Pourquoi, depuis tant d'années, vous reposer ainsi? Quel dédain d'une gloire qui aimait tant à vous couronner vous a-t-il fait interrompre le cours de vos publications, et par conséquent de vos succès? Le public, moins injuste que vous, n'a pas oublié *Palmyra*, *Mélanie de Rostange*, la *Chaumière russe*, *Adalbert de Montgelas*, la *Ferme des Apennins*, le *Trésor de la famille de Lowenbourg*, etc. Il vous demande des frères, des sœurs, à ces publications si agréables, si intéressantes, si fraîches d'imagination, si variées de style, si nobles de sentimens et d'une classe relevée. Comme Achille, sortez enfin de votre tente, poussez un cri, ce sera un nouveau chef-d'œuvre.

Parmi les dames auteurs qu'on aime, qu'on vénère, dont on cherche la compagnie, je mettrai au premier rang madame la comtesse

Alida de Savignac; sa brillante imagination a voulu se rabaisser à la littérature enfantine. Cet aigle s'est fait rossignol, aussi s'aperçoit-on en la lisant des efforts qu'elle fait pour ne pas quitter la terre quand elle se sent si prête à monter dans les cieux, sa véritable patrie. Une morale pure, des aperçus ingénieux, un style simple, clair, élégant, châtié, distinguent ses productions. Son premier roman, auquel madame Roland (Armande) prêta avec tant d'obligeance l'appui de son nom, était un chef-d'œuvre. Pourquoi aussi n'a-t-elle pas voulu poursuivre une carrière où elle aurait primé? Sa modestie outragée joue un mauvais tour à notre contentement.

Long-temps les amis de madame Ancelot, qui heureusement sont nombreux, eurent seuls le bonheur de jouir de son esprit fin et délicat, de sa conversation entraînante, toute gracieuse et de séduction irrésistible; eux savaient ce qu'elle pouvait faire. On la sollicitait d'admettre le public à la participation de ce bonheur; timide, parce qu'elle a beaucoup de mérite; elle gardait pour nous (les élus) ses tableaux charmans. Ses écrits, marqués au coin de l'esprit d'observation, de réflexion, sont empreints d'une sensibilité douce qui n'excluait ni la véhémence ni la réflexion. Le succès de son premier roman, donné sous le nom de son mari, lui inspira cette opinion d'elle-même, que ses amis avaient de son beau et rare talent, mais que sa modestie exagérée lui refusait; ceci la détermina à voler de ses propres ailes, et le succès prodigieux que vient d'avoir au Théâtre-Français sa comédie *Marie, en cinq actes et en prose,* achèvera sans doute de la déterminer à parcourir une carrière que son génie et la pureté de son goût rendront continuellement brillante. Ces publications multipliées consoleront par leur venue ceux des anciens amis qui, sans cesser de la chérir, ont dû, pour des causes qui ne se rattachent à elle qu'indirectement, maintenir le sacrifice douloureux de ne plus la voir dans son salon.

FIN.

Corbeil, imprimerie de Crété.

Sous Presse,

L'AMANT DE MA FEMME,

Roman de mœurs,

PAR MAXIMILIEN PERRIN.

2 vol. in-8. — 15 fr.

NI L'UN NI L'AUTRE,

HISTOIRE INTIME,

PAR AUGUSTE RICARD.

2 vol. in-8. — 15 fr.

REINE ET SOLDAT,

Roman historique,

PAR LE BARON DE LAMOTHE-LANGON.

2 vol. in-8. — 15 fr.

L'HOTEL DE SENS,

Roman historique,

PAR AMEDÉE DE BAST.

2 vol. in-8. — 15 fr.

LAGNY — Imp. D'A. Le Boyer et Comp.

www.ingramcontent.com/pod-product-compliance
Lightning Source LLC
Chambersburg PA
CBHW071245160426
43196CB00009B/1171